あべ まさい
ABE MASAI

子ども「やりたい」を引き出すコーチング

COACHING TO BRING OUT CHILDREN'S ASPIRATIONS

Discover

わたしの隣りの小さなコーチに
あなたの隣りの小さなコーチに

復刊によせて

２００５年に刊行した小著『おかあさまのためのコーチング』が、書名も新に『子どもの「やりたい」を引き出すコーチング』として復刊されることになり、本当にうれしく思っております。書いたときに小学校２年生だった娘はすでに成人して24歳になりました。この15年の間、この本を日常生活の中で活かしてくださった数多くの方お一人お一人に心から感謝申し上げます。

絵本に関する著書で子育ての要諦を教えて下さる松井るり子さんの文章の中に「命がけで子どもを愛する」という表現を読んだことがあります。私が、自分の都合を優先させたくなる気持ちや自分の見栄を満たしたくなる気持ちと、実は親にもちゃんと分かっている本当に子どもが望んでいること、その選択肢の中で子どもに後者を選ばせていくとき、親は自分の中で死を体験しているのだと思います。自分の「いのち」と引き換えに子どもを活かしているのだと思います。今回、久しぶりにじっくりと読み返してみて、子どもが大人になっても少しも変わらずに実践し続けることができる数々のスキルに頬を叩かれ、頭から水をかけられました。

槇原敬之さんの作品、「Tag Team」という曲のサビの歌詞に
「かくも家族というものは
よく考えられて組まれた「Tag Team」
というところがあります。

親子というつながりは、お互いが学ぶために選び、選ばれた必然の関係なのかもしれません。

よく考えられて組まれたタッグチームなのだとしたら、後はここから学ぶべきことをコツコツと学んでいきたいと改めて思いました。

2020年10月　あべ　まさい

はじめに

ディスカヴァーの取締役社長でいらした干場弓子さんから「安部さん、コーチングと子育ての本を書かない？」と言われたとき、とてもうれしくて思わず「こんなエピソードがあるんですけど」と自分を売り込んでいました。でも、その日の夕方ごろになると早くも、安請け合いを後悔し始めていました。

さっきあんなにうれしかったのは、「本を書かない？」というお誘いが、渋谷を歩いていて「ねえ、モデルの仕事やってみない？」と声をかけられて喜ぶ中高生のような（ようなどころかオバサンなのでさらにはしゃいでしまう）自尊心くすぐられ状態にすぎなかったのです。

私は子育てにとても関心のある母親だと自負してはいるのですが、決して子育てがうまくいっている母親ではありません。私が日々感じている自己嫌悪のグラム数は多分、この団地に住む人たちの中でも重いほうだと思うし、その自己嫌悪の85％くらいは、子育ての中で自分が言ったりやったりしたことへの後悔からくるものです。

大体、こういう子育て本を書くのなら、ピカピカの子どもを何人も育て上げていなければならないはずです。うちのたった一人の子ども、ちはる（娘・公立小学校2年生・仮名にしました）は、私から見たらなかなかおもしろいヤツなのですが、挨拶が苦手です。年少さんのころからはきはき挨拶する子たちに混じって、とても聞き取れないような声で「ありがとう」とか「さよなら」とか、かすかに言います。無理やり言わせるのも違う気がする、きっと言うときがくる、と一人でウロウロと考えていたら、小学生になってしまいました。さすがに2年生になってこれではいかんと思い、道で誰かに会うと、生来義理堅くせっかちな私は、横で「ほら、なんて言うの？」とこっそり声をかけます。「え？」と私を見上げる娘の顔はますます言いにくそうに照れています。そりゃそうだ、と自戒しながら歩くスーパーからの帰り道です。

やはり私は本を書ける母親ではないとあきらめ、干場さんに弱気な胸のうちを話したところ、「あなたにハウツーは期待していない」と爽やかに言われました。それどころか、ハウツーではないものを書け、コーチという仕事と母親という「しごと」をしている私が、その2つにどのように橋をかけようとしているのか、その個人的な日々の取り組みを包み隠さず書けい、と励まされました。それならば私の望むところです。
そして、もしこの本を通じて、コーチングを一人でも多くの方に知っていただけたらやはりうれしいと思いました。

この本は、どこからでも、ご興味のあるところからお読みくだされば結構です。ただ、PART1「子どもを受けとめるスキル」とPART2「子どもに働きかけるスキル」の2つを最初に読んでいただけると、コーチングというコミュニケーションスキルの全体像がつかめるのではないかと思います（ここでいう「スキル」は、「技術」と直訳してください）。

このスキルは人が2人いれば、どこでも使えます。そして、そのスキルを使う背景には、コーチング特有の、コミュニケーションに関する考え方、態度、スタンスのようなものがあります。

コーチと母親を、曲がりなりにも両方やっている者として、コーチングというスキル、そしてそのスキルを支える考え方を、ぜひご紹介してみたいと思います。コーチングの中には、人と関わるときの大切な智慧がたくさんつまっていると思うからです。

そして、私自身、これを書くことによってふだんの子どもとの関わりを見直し、少しでも正直で温かな関わりのできるお母さんになれたら、と思います。

あべ　まさい

※この本では、私が長年にわたって勤務してきたコーチングファームである株式会社コーチ・エィでのエピソードを多数紹介しています。私が勤務していた当時のお話にはなりますが、コーチングを理解する助けになれば幸いです。

CONTENTS

PART 4

自分の内側に力強さが生まれるスキル

PART 5

子どもから学ぶ

PART
▼
0

コーチングを知る

HOW TO COACHING

コーチングとは

コーチングは、ひとことで言えば、「相手の自発的な行動を促すコミュニケーションのスキル」です。そしてこれは特別な人が「発明」したものではなく、いわば「発見」されたものです。主に1970年代のアメリカで、優秀なスポーツ選手を育て上げている名コーチ、名監督が、選手に対してどのような声のかけ方、関わり方をしているのかを観察して、その名コーチたちに共通するやり方をまとめ上げたものがコーチングスキルです。

ひとことでコーチングの特徴を表現すると、「指示・命令型から質問・提案型へ」ということができるでしょう。単に「こうしろ！」と一方的に指示、命令するだけでは一定の成果しか上がらない。その選手に本当に力を発揮してもらいたいなら、相手が心から関心を持って取り組めるような質問をコーチが考える。そして、相手からその答えを引き出し、自分の提案も伝え、お互いに双方向のコミュニケーションを重ねることによって、相手の自発的な行動が生まれていく。実際に成果を上げているコーチと選手との間にはこのようなコミュニケーションがあったのです。

コーチングスキルがスポーツ界で上げた成果が評価され、1990年代のアメリカでビジネス界に応用されていきました。最近では、日本でも多くの企業がコーチングスキルを学ぶ研修を取り入れています。主に、上司が部下とのコミュニケーションの流れを一方通行から双方向に改善することにより、部下の力を引き出し、チームワークを強化し、企業の生産性を高めることに貢献しています。

コーチング3つの原則

ここで、コーチングの3つの原則をご紹介しておきたいと思います。

❶双方向である

「コミュニケーションはキャッチボール」（このセンテンスは（株）コーチ・エィの登録商標

です）とよく言われます。キャッチボールは人と人が向き合い、1対1で行われます。ここでいう「コミュニケーション」とは、1対1の関係を前提としています。そして、キャッチボールは、ボールがお互いの間を行ったりきたりすることで成り立ちます。

一方が投げ、一方が受け取る。またそのボールを相手に投げ返し、相手が受け取る。このサイクルがコミュニケーションの基本であり、コーチングの原則です。

どちらかが一方的に話して、相手から返ってくる言葉を受け取らない場合は、双方向ではなく、一方通行のコミュニケーションということになります。

❷個別的に、相手に合わせた関わりをする

同じ言葉を伝えても、人によって受け取り方が違うということに気がつくことがあります。よく聞くのは「上の子にはこの方法でうまくいったのだけど、下の子には全然効果がない」という話です。野茂投手を受け入れたときの大リーグ・ロサンゼルスドジャーズのラソーダ監督は、ベンチ入りしている25名の選手を、全員違う言葉でほめたそうです。

一人ひとりの持って生まれた個性を見極めて関わる、ということはコーチングの大

きな柱です。

❸継続して関わる

大雑把な言い方の一般論ですが、大人たちから子どもたちへの関わり方が二極化しているように感じられます。一つは、徹底的に管理していく路線です。靴下の折り曲げた長さから行動まで完全に管理することによって目標を達成させるというやり方です。もう一つは放任に近い路線です。そこには、自主性に任せるという名のもとに、子どもの日々の行動や変化に深い関心が寄せられていない状況があるように思えます。

コーチングは、いわば、この二極化の溝を埋めていくコミュニケーションです。指示命令で管理するのではなく、双方向のコミュニケーションを通して相手に関心を寄せていきます。相手の目指すものを理解し、それに向けて結果のみに関心を持つのではなく、一つひとつの行動、一つひとつの過程に、継続的な関心を寄せていく関わりです。

● コーチングスキルとコーチングフロー

コーチングスキルは一説に100種類あるともいわれていますが、一般的には、

聞く
質問する
承認する
リクエストする

などが、その代表的なスキルです。

これらのスキルを使って、コーチはクライアントと会話を交わしていきます。クライアントが目標達成に向けて行動する、そのサポートをすることがコーチの役割です。

そこで、話し合う内容のチェックポイントとして、次のような流れを頭に置いておきます。

❶クライアントの望む目標をはっきりさせる
❷現状をはっきりさせる
❸現状と目標とのギャップが何によってもたらされているのかをはっきりさせる
❹ギャップを埋めるための（つまり、目標に向かうための）行動計画をはっきりさせる
❺定期的にフォローする

実際のコーチングは必ずしもこのような流れで進むわけではありませんが、自分たちの会話が今どこにいるのかをこの地図に照らし合わせています。

通常のコミュニケーションの中でコーチングスキルを応用するときには、このようなステップをきちんと踏むことは少ないと思います。そもそも日々の子どもとの会話は、とぎれたり、ちょっと話しただけでいい感じになったり、小さなやりとりの積み重ねです。毎日繰り返されている関わりは、それはそれで自然で十分愛情に満ちたものので、どなったり、命令したり、親子げんかももちろんあり、それはそれでなんでもありなのだと思います。

ただ、その会話のところどころにコーチングスキルやコーチングの考え方を持ち込むことで、コミュニケーションを自分自身が楽しめたり、子どもの自発的な気持ちや行動を引き出すことに役立てたりできれば、うれしいと思います。

●答えはすべて自分の中にある

我が家は築20年を超えた3LDKのマンションで、和室とリビングの間に高さ15センチほどの段差があります。娘がハイハイで活発に動き回るようになったころ、その段差が障害物になり始めました。リビングから和室に向かって段差を上るのはいいのですが、下りるとなると和室のへりのところでとまり、声を出して私を呼びます。毎度毎度下ろしてあげるのもたいへんだし、変な下り方をして頭や顔をぶつけても困るし、私は娘の隣りに行って下り方を見せてやりました。

「こうやって足から下りるとだいじょうぶだよ」

自分がハイハイの格好になって、足から下りるやり方を何度も見せました。娘は私のことをじっと見ていたので、このやり方を実行する日がいつか来るのだろうと確信し、毎日のように見本を見せておきました。

ところが生後9ヵ月のある日のことです。何気なく段差まで這ってきた赤ん坊は、いきなり手をありったけ伸ばし、頭から段の下に向けて突っ込んでいきました。下に伸ばした1本の手で上体を支え、もう一方の手も遅れてリビングにしっかり着地させ、頭から一気に段差を下りてきたのです。

私は何もできず、ただ息をとめて一連の動きを見ているほかありませんでした。あまりに意外な決断と鮮やかな身のこなしをただ見ていました。拍子抜けするくらいあっという間のできごとでした。リビングに自力で、しかも頭から下りてきた娘が、いつにもまして誇らし気に見えたのを覚えています。

その日の日記には、「ちーちゃん、自力で段差を下りる」——たった1行しか書いてありません。あっぱれと思うと同時に、母親として教えたことが使われなかったショックがその1行に漂っています。

どんなに見本を見せてもどんなに教え込んでも、最終的には、人は自分の求めるものを自分のやり方で手に入れる、すべて自分が決めたことを人はするのだ、そんなことを子育ての最初のころに驚きを持って体験しました。

教える・教わるという関係

どんなに教えたつもりでもそれを使うかどうかは子ども次第、という経験はしましたが、親と子の間では「教える」行為が両者をつなぐ大事な糸のようになっています。言葉のやりとり以前の小さいころは、教えることが生活の中に自然に溶け込んでいました。ストローの吸い方、石鹸をタオルにつけるやり方、湯船に入ったら十数えてから出る、みんなやって見せて、子どもが真似て……教えるなんて意識もないくらいの一体感の中で過ごしてきました。自転車の補助輪を取るころも、どっちが教えているのか教わっているのか分からないくらい夢中な日々だったのだと思います。

子どもが小学校に入ると、教える側と教わる側という関係が日常の中に入ってきました。娘はどうやら、学校では先生の話をじーっと聞いて教わるのを楽しんでいるようです。1年生になりたてのころ、「せんせいにおそわったら『あ』がすごくうまくかけたんだよ。がっこうってすごいよねえ」と感心した面持ちで話してくれたことを思い出します。2年生になって、話してくれることはほとんどがお友だちと遊びのことですが、その話の背景に、憧れてやまない先生の存在が伝わってきます。

私が小学校1、2年生のときに教わったのはF先生というどっしりとした女性の先生でした。F先生は私たちを担任しているときに、ご自分のお子さんを病気で亡くされるという経験をしていらっしゃいます。子どものころの私はそのできごとがどれほど大きいことかも分からずに、気持ちはいつも先生に寄りかかり、先生がにこにこしながら話し始める「これはね、こうするとうまくいくよ」という言葉を聞くのが大好きでした。

教科書の絵を見て登場人物の気持ちを想像するやり方から、チリトリの端を床の木目の溝に合わせるとゴミを残らず掃き入れられること、給食の煮豆の汁をパンにつけるとおいしいこと（これはイマイチだと子ども心に思いましたが）など、いろんなことを教わりました。

揺るがない大人、知恵を堂々と分け与えてくれる大人と出会っているとき、子どもは安心して子どもでいられるのかもしれません。

先日、編集者のHさんがこんなことを言いました。「私って、子どもといるときに、何か教えなければならないって思うんですよね」。Hさんのお子さんは5歳の女の子です。ぬり絵が大好きで、今はお家でよくぬり絵をしているそうです。Hさんの手が空いていっしょに遊ぼうか、と声をかけると、やはり「ぬり絵しよう!」というお子さんの声が返ってきます。そして2人並んでただぬり絵をしているとき、Hさんは考えてしまうのだそうです。

「これならいつも一人でやっているのに。せっかく私がいっしょなのだから折り紙とかあやとりとか教えてあげたほうがいいんじゃないの?」

ただいっしょにいるだけでいいんだと思いつつ、何か教えなければっていう気持ちがやっぱりあるんですよね、というHさんの言葉は私にも思い当たります。

子どもに何か一つでも新しいことを覚えてほしい、何か一つでも教えたい。教えることで母親は安心する生き物かもしれません。自分の存在価値も、そのときに感じているような気がします。

私は子どもを生む前にも、長いこと研修の仕事をしていました。そのころの研修は主に2人で担当するものでしたが、中堅どころになってくると、自分より若くて経験年数の少ない後輩といっしょにやるようになりました。

そのころは「自分に教えるものがなければ、もうその人といっしょにいられない」と固く信じていたのだと思います。先輩たるもの、圧倒的にたくさんの知識を持って、その人に教えることができなくては。それができなくなったら相手にとっていっしょにいる価値のない人間になってしまうと思っていたのです。ばかにされないように、有能な先輩のイメージを壊さないようにというプレッシャーが、私を前に前にと進めている原動力でした。後輩に何かを教えることができる、というのが自分の唯一の存在価値だと思っていたのです。

このことに気づいたのは、子どもを生んでその仕事から離れて何年も経ってからでした。

子どもとの関わりはもっとありのままで気楽なものですが、やっぱり教えたあとの充実感がほしくなるときがあります。娘が「近」という字を習ってきました。「しんにょう」のついた字です。うまく書けないというのでノートの端っこに書いてあげたら「かっこいいー」と言われてニマニマしてしまいました。教えたことをこんなふうに受け取ってもらうと、私っていい親じゃん、と手放しで思えます。でも一方で、算数の計算間違いを指摘し始めると、「あーわかった、わかった、わかってるっ！」とシャッターを下ろされてしまいます。

年齢を重ねるにつれ、親や先生から離れたところで自分を感じたい、自分で考えたいと思う時間が多くなっていくのでしょう。手放しで、教える教わる、という関わりは少しずつ姿を変えていくような予感がします。

学びたい気持ちを引き出す

直接何かを教えることは少なくなっても、何かを学びたい！という気持ちを引き出すようなことができたらいいなと思います。そもそも、そういう気持ちを引き出すための関わりをコーチングというのでした（仕事では使っていても、自分の子どもにはとんと使えません。なぜ使えないかというと、私の場合、子どものことを考える前に、まず自分の充実感や自分の存在価値が気になっているからなのだと思います。手っ取り早く私が教えて自分で満足したい、ついでに子どもから「お母さんって役に立つ」と思ってもらいたい、そんな気持ちが勝っているので、コーチングまで行き着きません）。

本来、英語のeducation（教育）という言葉の語源はeduce（相手から資質、才能を引き出す）

という言葉だと聞いたことがあります。『角川新字源』によると、教えるという「教」の字の語源も、もともとは「若者がならう」という自発的な学びを意味する字（今の字の左半分だけ）だったそうです。

娘は一見して意欲満々というタイプの子どもではありません。何かおもしろそうなことがあっても、ちょっと遠巻きに見るようなタイプです。6歳から通っているスイミングスクールも、いつやめてもおかしくない状態でした。ところが、あるコーチに出会って豹変したのです。

小学校に入学する前の春休み、短期水泳スクールの担当はKコーチでした。Kコーチは外見はムーミンのよう、水面を揺らすぐらい大きなかけ声をかけるベテランコーチです。

親が子どもたちの練習風景を見られる大きなガラス窓があるのですが、Kコーチがどんなことをやっているのかは最初、あまりよく分かりませんでした。子どもたちをプールサイドに座らせて自分が颯爽と泳いでいる。「はくしゅー！」と言って拍手させる。潜水していきなりがばっと水の上に出て恐竜の真似をする。一人ひとりに違ったやり方でふざけながら水をかける。子どもたちは、それこそなだれを打って笑っているだけです。

ところが、4日間のコースのうちの3日目、今まであまりできなかった背泳ぎを娘が急にできるようになっているのに気がつきました。「できるようになったね」と声をかけると、「うん、コーチがゆっくりたおれればいいよ、っていうからそのとおりにしたらできたんだ」と余裕の表情です。

「教わったのはそれだけ?」

「うん」

何よりも驚いたのは、25メートルを泳ぎ終わったあと、プールサイドの人工芝の上を走っていく娘の姿です。走って前の子を追い抜いて早い順番に並ぼうとしているのです。息を弾ませて、肩を上下させて、少しでも前に並ぼうとしているのです。食べ物やおもちゃに向かって走るならいざ知らず、自分が何かを習うことに集中している娘の姿がありました。

Kコーチは多くの時間を使って子どもたちの心をほぐし、自分からやってみたい気持ちが出てくるための機会をたくさん与えてくれていたのだと思えました。

もう一度、「答えはすべて自分の中にある」

私にもコーチがいます。水泳の、ではなく、仕事をうまくいかせるためのコーチです。コーチ・エィでは、社員がお互いのコーチとなって、自分の仕事を見直す時間を持っています。

私のコーチは30歳の女性です。コンサルティング会社から転職してきた彼女はきれいにカールしたまつげの目で、深くうなずきながら話を聞いてくれます。筋金入りのコンサルタントって、どんな本を読んでいるのだろうと思って、お勧めの本を聞いてみました。彼女はにこっと笑って「うん、素敵な本がありますよ！」と言いました。それは「問題解決力を伸ばすピラミッド原則」という副題のついた2800円の本でした。読み通す自信はないのですが思い切って買ってみると、そうか、こういう本は素敵なんだと新鮮な気分になりました。

私たちは週に1回、オフィスの中の小さなコーナーに2人並んで座ります。私が話すことは、この1週間の仕事の中で自分が考えたこと、感じたことです。主に、クライアントの方と話していて気になったことを彼女に話します。自分の中で曖昧だなと思いながら聞き流してしまったことを話すと彼女は、「私もそこ、曖昧だと思います」と言って私をまっすぐ見つめます。次回こういうことを提案しようと思っていると伝えると、「私も同じ感覚です」と言って大きくうなずきます。私が自分なりに真剣に考えたこと、正直に思ったことを話す限り、それは彼女に受けとめられ、支持されているのを強く感じます。

人は自分が考えたこと、感じたことを誰かに話したいのだと思います。相手にそれを受け取ってもらうことで初めて、その考えや感覚がさらに引き出され、形を持ち、自分の中に着地する場所を得ます。そしてときには、それでいい、まっすぐ行っていいと思うと言ってもらえたら、これほどうれしいことはありません。

彼女は自分の知識や考えを一方的に教えることはありません。でも、「答えは私の中にある」ことをいつも私に教えてくれています。

PART

1

子どもを受けとめるスキル

CHAPTER

▼

01

聞く

相手が「聞かれた」と思う聞き方

「コミュニケーション」というと、私は自分が誰かと活発にしゃべっているところを想像します。

「話す」ことがコミュニケーションなのだ、というイメージがどうしてもついてくるのですが、コーチングにおいてコミュニケーションとは、まず「聞くこと」を意味します。

聞くことの大切さは、いろいろな本で説かれていますし、コーチとしては心から耳を傾けようという気持ちのセッティングに余念がないのですが、子どもの言っていることを自分はどんなふうに聞いているのか、あまりにも当たり前の日常なので、聞いている自覚すらないなと思いました。

夕飯の支度をしていたら、さっきまで歌声やら娘の動く気配やらがしていたリビングが静かなのに気づきました。よく見ると、娘がイスの上に片ひざを乗せています。片手は頭を押さえていて目が真っ赤です。何かよほどショックなことが今あったのか、あるいは思い出したのか、いずれにせよただごとではない感じが伝わってきます。ときどき、お友だちとのできごとを夜になってぽつんと言ったりすることがあるので、私はにわかに心の準備をしました。

「どうしたの？」と聞いてみると、涙まじりの声で、「どうせ言ってもママはわかってくれないもん」と言います。

「そんなことないよ、聞くよ、聞くから言ってよ」と目線を娘に合わせるようにして頼みました。そして、何を言ってても冷静に聞いてみよう、と覚悟を決めました。

娘は震える声で、「ここに、あたまぶつけた」と言ってイスの背を指差します。なんのことはない、いい調子で踊っていてよろけてぶつかってしまったのです。

「なあんだ、そうかあ」と安心していきなり立ち上がった私に、怒りのこもった声で娘が言いました。

「ほら、やっぱりわかってくれないじゃん」


私が思う「話を聞いた」という行為と、娘の思う「話を聞いてもらった」という行為にはかなりの開きがあるようです。相手が「聞いてもらった」という気持ちになる行為をすることが「聞く」という行為なら、私は「聞いていない」ということになります。

えーい、めんどくさいやっちゃなー。

で、終わりにしてしまうこともできるのですが、私が娘だったらきっと同じように感じただろうと思うのは事実です。

そして、コーチは一つの原則を持って生きている生き物です。それは、「相手から返ってきたコミュニケーションは、自分が相手に伝えたコミュニケーションの結果である」という原則です。

つまり、相手からの反応はすべて自分が引き起こしたものだ、という立場を忘れずに関わりを持ち続けるのです。

もちろん、これは「コーチ」の持つ関わりの原則であって、「親」の持つ原則ではありません。でも、娘が話す前にあれこれ予測を働かせてしまうこと、それも最悪の結果を考えて準備してしまうこと、まだまだぶつけた痛さが体中にこたえる子どもであるのを忘れていること、そして、自分の価値基準のみを大切にしている海千山千の大人であること、を自覚していれば、もうちょっと子どもの心に添った聞き方ができるのかなと思いました。

相手の心の隣りに行く

と、ここまで書いてみて、私の「聞く」という行為に関して、子どもから対照的な反応が返ってきたことを思い出しました。それは娘が5歳ごろのできごとです。

ある朝、目覚めるなり「のどがいたいよー」と訴えてきました。弁当を作っていた私は台所から寝ている姿を遠目で見て、「きっと口を開けて寝たんじゃないのかなあ?」と声をかけました。娘は途端に顔をゆがめ、「くちなんかあけてない!」と怒鳴るとふとんに顔を埋めて号泣し始めたのです。しごくまともな対応をしたつもりなのに、なんでこうなるの? と面食らうとともに、何がこの子を泣かせているのか考えざるを得なくなりました。

数日経ったある朝、また娘が起きぬけに言いました。「ママ、のどがいたいよー」。私は弁当作りをいったんやめ、手を拭いて寝室に向かい、娘の枕元にペタリと座りました。「どこ? どこらへん?」と聞くと、即座に口をパカっと開けます。私はじーっと覗き込み、喉の中をまんべんなく見てひとこと、「確かに赤いみたい」と低い声で、心底納得した口調で言いました。

するとすると娘はゆっくり口を閉じ、何ごともなかったかのように起き上がってパジャマ姿のまま机に向かい、静かに絵を描き始めたのです。

「聞く」、という行為は、「最初から最後まで聞く」、そして「相手の言わんとしていることをそのとおりに理解しようとする」、そして、「それだけで完了する」行為なのだとそのとき感じました。

「最初から最後まで聞く」には、「そのとおりに理解しようとする」には、自分のやっていることをやめて、自分の予測を脇に置いて、自分の価値判断をいったんは手放して、そのことに耳を開くことをしなければなりません。言い換えれば、自分の体と気持ちを相手の心の隣りに派遣して聞くことが、「聞く」という行為らしいのです。

じゃあ聞いてどうするの、そのあとは何をするの、そのあとどういうことを教えればいいの、という疑問がわくことがあります。一つの会話で何か教育的効果を上げたくなる「課題達成型」の私の心にはしばしばわく疑問ですが、しっかり聞けると、そのあとのことは自然に道筋がついてくるように思えます。そしてあまりにも自分の思いどおりにさせたくなってしまうときは、次の詩を思い出そうと思っています。

話を聞いてくれと言うと
あなたは忠告を始める
私はそんなことは頼んでいない

話を聞いてくれと言うと
そんなふうに考えるものじゃないとあなたは言う
あなたは私の心を踏みにじる

話を聞いてくれと言うと
私の代わりに問題を解決してくれようとする

私が求めているのはそんなことではない
聞いてください！　私が求めているのはそれだけだ
何も言わなくていい、何もしてくれなくていい
ただ私の話を聞くだけでいい
（作者不詳）

『豊かな人間関係を築く47のステップ』グレン・ヴァン・エカレン著　ディスカヴァー刊（絶版）より

コーチングポイント

誰かの話を聞いているだけで楽しいと感じられる。
それが本気で「聞くこと」を試した人へのごほうびです。

CHAPTER

02

見る

エンジェル・アイ（天使の目）をあなたに

娘が3歳のころ、寝かしつけようと隣りに寝そべっていると、あまりのかわいらしさにじっとその横顔を見つめてしまうことがありました。娘は私の視線を感じているらしく、今にも眠ってしまいそうなとろける声で「まま、ちーちゃんこと、みててねー」と言います。うんうんと返事をしながら垂れそうなほっぺたや首のうしろの後れ毛を見ています。そのうちだんだんこっちのまぶたも閉じそうになるとまた、「まま、ちーちゃんこと、みててねー」と言う声が聞こえてきて、目をこじ開けていました。眠りの世界に入っていく、どこか心もとない瞬間をずっと母親に見守ってもらいたい気持ちがその日にはあったのでしょうか。娘にとって私の視線は毛布のようなものだったようです。

「エンジェル・アイ（天使の目）」という言葉があります。これは、コーチや組織のリーダーがクライアントや部下の話を聞くときの一つのモデルとなるような眼差しを表す言葉です。相手を無条件で受け入れる、そう決めている人の「目」の表情です。

こう書きながらふと、このような視線で人に話を聞いてもらったことはあっただろうかと振り返ってみると、とてもはっきりと思い出す「目」がありました。今から10年以上も前、上司といっしょに研修をやっていたときです。研修最終日の午後の休憩時間に、最後の打ち合わせをしようと思って話しかけました。「うん？」と言って振り返った上司の目はまさに「エンジェル・アイ」でした。数日にわたる研修をここまでやってきたパートナーとして「君のことを心から信頼しているよ」というメッセージが伝わってきました。もう打ち合わせなんてどうでもいいやと思ったことと、そのときの上司の目の表情、自分の仕事に誇りと喜びを感じたことは今でも心に残っています。

私もたまに意識して娘のことをエンジェル・アイで見ることがあります。ふだんはほとんど忘れていて、思い出すと唐突にやります。娘のぼやきとか他愛のない話を聞いているときに、これ以上優しくできないくらい優しい目でうなずいたりします。娘は照れるのでしょうか、ちょっとどぎまぎして下を向いたり、妙な運動のように足をばたばた動かしたりしてしゃべり続けるのですが、概ねご機嫌になるようです。

エンジェル・アイを私に

「見ること」に関して忘れてならないことがもう一つあります。それは自分に「エンジェル・アイ」を向けることです。

子どもが熱を出すと決まって「ああ、昨日の夕方、空気の悪いスーパーに私が連れて行ったからだ」と思います。子どもが宿題の引き算を全部足し算と間違えて答えを書いていたりすると、「ああ、私がこのところばたばたしているから、子どもも気がそぞろなのかもしれない」と思います。

自分を責めないともっといたたまれない、とりあえず自分のことを責めることで心が落ち着くときも私にはあります。自分のことは「エンジェル・アイ」ではなく、「イーグル・アイ(鷹の目・厳しく射るような批判的な目)」でいくらでも見てしまいます。もちろん、自分の過ちを発見することで人は成長するのでしょうし、まったく自己に関するチェックがないのも困りますが、ときには自分のことをエンジェル・アイで見てあげてもいいのかもしれません。自分を自分の敵に回さないよう、自分を自分の「守護天使」にできたらいいなと思います。

私にはカウンセラーという職業に就いている友人が3人います。3人はそれぞれに素晴らしいキャラクターなのですが、共通していることが一つあります。それは、彼らが自分自身に向けている目がとても優しいということです。どれくらい優しいかというと、ときに圧倒されるくらい優しいのです。

そのうちの一人は昔からの友人で、1年に1回ぐらい電話をすることがあります。彼女は教育カウンセラーもやっているので、子どものことで何か心配なことがあるとき、相談したい最後の砦です。彼女はたいていのことには驚かず、「あはは、だいじょうぶ。だいじょうぶ」と言ってくれます。「ふつう、ふつう、そんなもん」と、心底晴れ晴れと言ってくれます。電話を切る際、「いやあ、うちリフォームしたんだけど、まだ片づいていないんだよね」とよもやま話をしたところ、彼女は「そんなの平気。私の部屋もすごいんだ、今バッグが、ちょっと待ってね、いち、にい、さん、しい……11個出てるもん。あはは」と明るく弾むように言いました。

（バッグが11個出てる？　どんな部屋なんだろう？　でも彼女がこれだけ平気なんだから、この散らかった部屋も多分だいじょうぶ）。

妙に私の心持ちも明るくなりました。彼女の正直さ、自分のありのままを分かち合える度量、人も自分もひっくるめて肯定していく懐の大きさに、私はいつも圧倒され、一生かなわないと思います。自分を大目に見る、自分がちゃんと自分の天使でいる、それを思い出すために私は1年に1回、彼女に電話をかけているのかもしれません。

「その靴、新しいね」

娘の通学路には信号のない横断歩道があります。バスやトラックも通る道なので、朝はいわゆる「緑のおばさん（学童擁護員）」が立ち、黄色い旗を掲げて子どもたちを通らせてくれます。Kさんというその女性は、定年を迎えてもなお警察から委託されて、長い間、「緑のおばさん」を続けてくださっています。

先日、懇談会でKさんのお話を伺う機会がありました。Kさんは素朴な口調で、「私ね、大勢で行く子には、いってらっしゃい、だけでいいんだけどね、一人で登校する子には何かしら声をかけたいといつも思ってるんですよ。新しいTシャツ着ているとね、『ああ、そのシャツ新しいね』って。新しい靴だと『ああ、その靴新しいね』って。でね、不思議なことにシャツをほめられるより靴をほめられたほうが喜ぶね。なんでだろうね、靴ほめると喜びます」と語ってくれました。

何か声をかけたいと思って、一人で登校する子の足の先にまで向けるKさんの目は、まさにエンジェル・アイなのだと思いました。

Kさんが立つ横断歩道を渡った先にはコンビニがあります。コンビニに立ち寄る制服姿の中学生、高校生の中には、Kさんと立ち話をしてから登校する子がたくさんいます。この目に見守られている感じを思い出したいからなのかもしれません。

コーチングポイント

「人を大切にする」とは、その人を「見ること」「聞くこと」「触れること」。

CHAPTER 03

ペーシング

ただ繰り返す

「ペーシング」という文字を私のパソコンで打って変換すると、「ペー寝具」と出ます。ぺらぺらになった古いシーツを想像してしまうのですが、このスキルは決してその語感からくるような安っぽいものではありません。大きな力を発揮するスキルです。

ペーシングのスペルはpacing、直訳すると「相手とペースを合わせる」という意味です。ペースを合わせるというと、主体性のないへいこらした人物像が浮かんでしまいます。これもまた違います。

ページングとは、相手の言うことや気持ちを受けとめる、もしそれが自分にとっては都合の悪いものであったとしても、できるだけの忍耐と思いやりを動員してしっかり受けとめる、そういうスキルです。

これは、コーチ・エィ執行役員の桜井一紀氏から直接聞いた話です。桜井さんには2人のお嬢さんがいます。上のお嬢さんのR子ちゃんは、小さい子どもの面倒をよく見る健康で溌剌としたお嬢さんです。そのR子ちゃんが6歳のとき、風邪をこじらせて一晩入院することになりました。下のお子さんがまだ生後数ヵ月でお母さんは手が離せず、入院させる一連の作業は桜井さんが一手に引き受けることになりました。

病院の廊下のイスで、今日一日ここに一人で泊まらなければならないことを切り出したところ、R子ちゃんは当然のように泣き出したそうです。一晩だけで帰れるよとか、泊まらないと体がたいへんなことになっちゃうよとか、退院したらディズニーランドに行こうとか、あらゆることを言っても泣きやみません。自分から言えることはすべて言い尽くして、桜井さんはもうなすすべがない、と感じたそうです。

「とまるの、いやだよー」

途方にくれた桜井さんは確かにそうだなあ、と思い、

「そうだよねえ………いやだよねえ」

「とまるの、こわいよー」

「そうだよねえ………こわいよねえ」

本当にそうだと思いながら、R子ちゃんの言うことをただただ、繰り返していました。

ものの2、3分経ったでしょうか。R子ちゃんはふと顔を上げて、

「わかったよ、R子、びょういんにとまる」と言ったというのです。

これには桜井さんのほうが驚いて、「え、本当にいいの?」と聞き返してしまったそうです。R子ちゃんは、無事、1日で退院できました。

このできごとを「へえー、ふうん」と聞き入る私たちスタッフに、「実はさ、ペー

シングって気づかずに使っていたんだよね。本当に、あんなに効果があるとは思わなかったんだ」と、桜井さんは正直な気持ちを話してくれました。

受けとめてもらうことの力

ペーシングは、自分が誰かにこのスキルを使ってもらえると、その素晴らしさが分かります。私のコーチも、自分の持てる誠意を総動員して私の気持ちを受けとめてくれているなと思うことがあります。

たとえば、私が誰かのことを殴りたい、と思ったとします。あくまでも例として、です（こうやってわざわざ断るところがなおさら怪しい）。殴りたいー、という気持ちが内側にあるとします。

もしそれを誰かに話して、言い終わるか終わらないかのうちに否定されたり、正論を言われたりしたら、瞬時にその気持ちを押し殺したとしても、それは減ったりなくなったりすることはありません。でも、もし誰かが、「そうか、そういう気持ちなんだねえ」と私の気持ちを、気持ちのグラム数そのままの重さで、同じように感じて理解してくれたとしたら、どんなに救われるでしょう。

そのちょっとカビの生えたような気持ちに太陽の光が当たります。そうか、そこにいたんだね、と認められ声がかかったら、その気持ち自体が軽くなり、どこかに行ってしまうような気がします。

殴りたいという気持ちと、実際に殴るという行為の間には大きな開きがあります。実際に殴ったりはしないけれど、人はいろいろなことを頭の中で思うものです。思ったことを持ち続けるのが重いとき、誰かに話し受けとめてもらうことで初めて、正しい判断、中立的な判断に自分から戻っていけるのだと思います。

もちろんペーシングは「そうだね、殴ろう、殴ろう！」とけしかけるものではありません。ペーシングはどんな行為にも賛成する太鼓持ちのスキルではありません。あくまでも焦点はその人の気持ちです。その人がまさにそう思っている、その思いや気持ちを受けとめるスキルです。

しっかりと受けとめたあとでなら、自分の意見を伝えるなり、どうしてそんなふうに思ったのかを聞いてみたり、正論をちょっと言ってみたり……そんなふうに関わってもだいじょうぶなゆとりが相手に生まれていることと思います。

「あり方」のペーシング

小さいころ読んだ本の中に、『二十四の瞳』などの作品を書かれた壺井栄さんがご自分のお母さんの思い出を綴ったものがありました。

ある日、山あいの畑に農作業に行くお母さんに、栄さんと弟さんはくっついて行きました。おやつの時間になってお母さんが袋から南京豆を取り出して、2人の手のひらに乗せてくれました。互いに、両手に豆を乗せたまま覗き込み、栄さんは「弟のほうが多い」と言い、弟は「お姉ちゃんのほうが多い」と言いました。けんかになりそうになったとき、お母さんはひとこと、「数えてごらん。同じ数にしてあげるよ」と言ったそうです。2人が一生懸命数えたところ、26個ずつで同じでした。栄さんは、「母の手は公平な手だった」という言葉でその文章を締めくくっていました。

小さいなりに、この話はとても心に残りました。兄が2人いる私は、いつも自分の分け前が少ないような気がしてすねたりひがんだりしていたので、同じ数だけもらえる話に憧れを持ったのかもしれません。

でも今考えてみると、ここにはペーシングが存在しました。

ペーシングには、相手の気持ちを繰り返す「言葉」によるペーシング以外に、相手の大切にしている世界や価値観を自分も大切にするという、「あり方」のペーシングがあります。

栄さんのお母さんは、農作業の合間に腰を下ろして、どんな気持ちで子どもといっしょにいたのでしょうか。体は疲れていなかったのでしょうか。お互いの豆を覗き込んでけんかを始めそうになった2人に、「いいじゃない、ちょっとくらい違ったって」とか「どうしてそんなことでけんかするの」とか、私だったらまず言ってしまいそうです。「数えてごらん、同じ数にしてあげるよ」と言って子どもたちのこだわりの土俵に自分から下りていく、争いの理由をばかにしないでいっしょに解決に取り組んでいくあり方は、まさにペーシングです。

栄さんにとっては、お母さんが「同じ数にしてあげるよ」と言ってくれただけで、見守られている、「あなたたちのそばにいるよ」と言われているような気がしたのかもしれません。

ベテラン看護師長さんのペーシング

親と子以外の場面で、大人と大人との間での意見のズレをどうやって受けとめているのかということについて一つ思い出すことがあります。

東北地方の病院で2日間のコーチング研修を行ったことがありました。主に看護師長さん、主任さんといった管理職の方たちが対象でした。みなさん、長年の経験を積んできたベテランぞろいです。職場では、自分の考えていることと部下の考えていることとの違いに戸惑ったり、カチンとくることも多いのが現実です。そのときに、どんなふうに受け答えをしていらっしゃるのかをまず、みなさんに伺いました。

S看護師長さんがこういう実例を出してくれました。あるとき、検査に行った先で体調が悪くなった患者さんを、誰が迎えに行くのかという課題が浮上しました。夕方、看護師さんの交代時間を控えて、みんな忙しさに拍車がかかっているときでした。

若い看護師さんが「私たちの病棟から人を行かせるのはたいへんです。検査科の人に送ってきてもらえばいいんじゃないですか」と言いました。S師長はその自分たちの都合しか考えない発言に内心ムカっときたそうです。でもそれは抑えて、「あー、あんだの意見、一理あるかもねえ。でも、わだす今、あだまがこんがらがっちゃってるから、ちょっと考えさせてねえ」と一拍置きました。

そっくりそのままの言葉を繰り返すペーシングではありませんが、相手の意見を受けとめています。深呼吸を一つして、

「やっぱりウチの病棟から行くほうが筋が通る。だからあなた行ってください」とその人に指示を出したそうです。

病院全体のことを考えている師長さんが、若い看護師さんたちと折り合いをつけな

がら病棟をうまく回している様子が目に浮かびました。そして、なぜかペーシングの言葉だけがお国訛りの東北弁だったのが心に残りました。

その人を受けとめるときには、お互いに共通のお国訛りで受けとめる。師長さんの、細やかな心配りを感じました。

コーチングポイント

全身全霊をかけてまる子を愛している祖父・友蔵さんのペーシングには、やはりじーんとさせられます。

（1コマ目）　まる子「おお、今日は富士山がよく見えるねぇ」

（2コマ目）　まる子「立派だねぇ」

友蔵「立派じゃのう」

（3コマ目）　**まる子**　「富士山がだらしない日なんて一回もないもんね」

友　蔵　「ああ　そういう人になりたいのう」

（4コマ目）　**まる子**　「ムリだねぇ」

友　蔵　「ムリじゃのう」

「ちびまる子ちゃん」四コマ漫画（東京新聞朝刊掲載）より

PART

2

子どもに働きかけるスキル

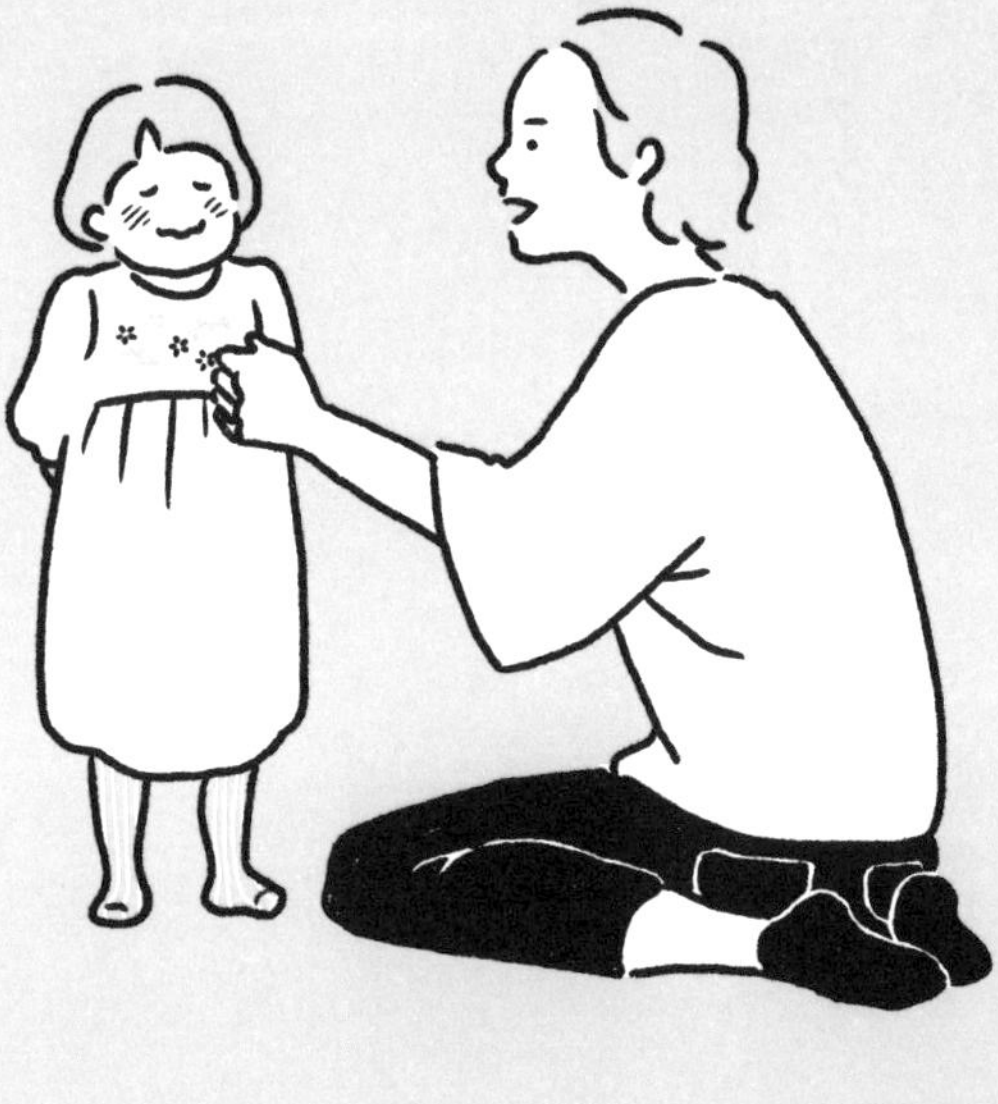

CHAPTER

01

質問する

オープンクエスチョンとクローズドクエスチョン

コーチは「質問のプロ」と言われます。コーチの発する質問によって対話が生まれ、質問によって思いもしなかったような答えがクライアントの中から引き出される、それがコーチングの持つ素晴らしい機能です。

ところが、日々の暮らしの中で、自分が子どもにどんな質問をしているのかと振り返ると、ほとんど思い出せないくらい無自覚なままに放置してしまっていることに気づきます。

娘が小学2年生になって、先生が宿題を出してくれるようになりました。算数のおさらいプリントあり、ちょっとひねった漢字の問題ありで、ときには親まで駆り出されたりします。毎日1枚は必ず出るので、夕飯どきになるとこの言葉が口をついて出ます。

「宿題、やった？」

2年生になりたてのころは、「あ、やってない（どたばた、がさがさ）」「もうやったよ（えへん、よゆう）」のどちらかの反応で、私も「あ、そう」ですんでいたのですが、最近はちょっと違ってきました。

「宿題、やった？」の問いかけに、

「今ちょうどやろうとしていたのにいっ、もうーっ（プンプン）」

「だからもうやったってばっ！！！（プンプン）」

いずれにせよプンプンです。それもすごいプンプンです。なんでなの？　きまじめで純情な私の無垢な問いにどうしてこんなに怒るのか、とこちらも腹が立ってくる始末です。

しかし、これは私のせいではなく、「クローズドクエスチョン」のせい、と言えるようです。

質問には大きく分けて次の2種類があります。

オープンクエスチョン（**直訳すれば、「開かれた質問」**）

5W1H（いつ、どこ、誰、何、なぜ、どのように）でたずねる質問

クローズドクエスチョン（**直訳すれば、「閉じられた質問」**）

「はい」か「いいえ」で答えられる質問

クローズドクエスチョンと「なぜ?」の質問の落とし穴

クローズドクエスチョンは、質問の内容はすべて質問者のために作成されたもので、聞かれた相手は「はい」か「いいえ」かで答えます。まさに「宿題やった?」のように、質問者に確認したいことがあるときに使われます。ともすれば確認の羅列になってしまう日常ですが、実は、クローズドクエスチョンは気をつけて使わなければなりません。それは、聞かれる相手の中に余計な気持ちを引き起こしてしまう特徴があるからです。

「宿題やった?」という言葉の裏に、相手は「ねえ、宿題まだやっていないんじゃないの?」という否定的な判断を想像します。いわば、疑惑のチェックをされているような感じを持ってしまうのです。私にチェックしたい気持ちがまったくないかと言われると嘘になるのですが、だからといって、「イッシッシ、やっていないだろうからチェックをしてやろう……」と意地悪い気持ちでいるわけでは毛頭ありません。

でも、こういうタイプの質問は、質問する側の本当の気持ちとは関係なく、相手にプレッシャーをかけてしまう性質があるようです。

クローズドクエスチョンに対して、オープンクエスチョンは、相手が自由に話すことのできる質問の形です。大きく分けて2つに分けられます。

限定質問　いつ、どこ、誰
拡大質問　何、なぜ、どのように

とくに拡大質問「なに、なぜ、どのように」は、相手の中に気づきを生む質問、相手に自分の頭を使って考えさせる効果的な質問だと言われています。

ただ、拡大質問の3つの中で、「なぜ」だけは、使うときにちょっと注意が必要です。

「なぜ」＋過去の思わしくないできごと

「なんでこんな点とってきたの?」という質問は、質問ではなく、詰問（拷問）になってしまいます。言い訳ではない本当に聞きたい事実を引き出すことはむずかしそうです。

「なぜ」＋過去のうまくいったできごと

「なんでこれがうまくいったんだろう？　考えてみようよ！」、これはうまくいった行動を振り返るための効果的な問いかけと言えそうです。

「なぜ」＋未来

「なぜこのテーマで自由研究したいの？」という質問は自由に考えられる質問です。未来に対して「なぜ」を聞かれると、その人の内側で戦略や計画が生まれると言われています。

オープンクエスチョンの威力

「なぜ」が口をついて出たら、そのあとは「うまくいったこと」か「未来のこと」を聞く、という決めを持ってみてもいいかもしれません（ただし、今の自由研究の例で、親の自分がそのテーマが気に入らなくて、なんとかやめさせようとすごみをきかせて「オラオラ、なんでこのテーマでやりたいんだよおっ」と聞いたのなら、いくら未来のことでも詰問・拷問になります。念のため）。

私も「コーチ」の名に恥じまいと、とってつけたようにオープンクエスチョンを使うことを始めました。「宿題やった？」を改め、「宿題、どう？」と聞いてみます。すごい違いです（どこがすごいねん！と自分で突っ込みつつ）。これは違います。かなり違います。声のトーンもできるだけのんびり、ほんわかさせ、語尾は、口を大きく開けるような感じにして聞いてみると、なんらかのふつうの答えが返ってくるようになりました。

「どうって、えー、まだやっていないよう」あたりの返事ですが、プンプンではなく、会話が続いていきそうな気配です。

自由に考えてもらうための質問と知りたい情報を集めるための質問

さらに質問について思いをめぐらせてみると、コーチはクライアントの方に質問をするときに、次の2種類の「立ち位置」を持っているような気がします。

相手に自由に考えてもらうための質問か
自分が知りたい情報を集めるための質問か

コーチングは通常、30分という限られた時間の中での対話です。コーチングに必要な情報を集めることも大切ですが、それはできるだけ必要最小限にして、あとは相手の人に自由に考えてもらうための質問を提供することに意識を向けていくのが、コーチです。

では、子どもとの関わりの中で、私のこの比率はどうなっているのだろうと思い至りました。すると、そもそも今までの年月、私がした質問のうちのほぼ全部が子どもの状況を自分が知りたいがための情報集めの質問だったのだということに気づかされます。「宿題やった？」に始まり、「あれはやった？」「これはだいじょうぶ？」のクローズドクエスチョンの数々。

オープンクエスチョンにしても、「何食べたい？」「何着るの？」ひたすら情報集めです。まったく子どもが食べたくないものを作って無駄にしたくないとか、メニューが頭に浮かばない、これ以上考えるのが面倒くさい、という私の事情が反映されています。

しかしながら、こうやって得た情報によって私がなんとか対応して、結果的に子どもが育っているので、これらの質問は人が生きていくうえで絶対必要なコミュニケーションなのだと思われます。

それに、限られたコーチングの30分と日常生活とは明らかに違う「場」なのですから。

でも！

でも、ときには「子どもに自由に考えてもらうための質問」を意識して繰り出せたら、そして、その質問に触発されて子どもが何か新しい夢を持ったり、新しい気づきを得てくれたりしたらいいなあと思います。

「ぼくにもきいてよ」

私の友人のコーチが、夜、自宅の仕事部屋でコーチングをしていたときのことです。

会社経営をしている方に、

「半年後には会社をどのような状態にもっていきたいですか？」

「その中で一番達成したいことは何ですか？」

「行動に移すにあたって、一番最初の力のいれどころは？」

などのオープンクエスチョンを投げかけていました。

コーチングが終わって和室のふすまを開けると、当時9歳だった息子さんのげんちゃんがすぐそこに正座していました。なんと、コーチングをずっと聞いていた様子です。そして開口一番、「お母さんはずるーい！ぼくには『ああしろ、こうしろ』とか言わないのに、他の人には『何がしたいんですか？』なんてきいてあげてるじゃない。ぼくにもそういうふうにきいてよー」と言ったのです。彼女はちょっと痛いところをつかれたと思いつつ、大笑いしてしまいました。

ちょうど夏休みだったので、それからは毎朝、

「げんちゃんの今日の計画はなんですか？」

「今日はどんな一日にしたいですか？」

と聞きました。そして、夜寝る前には、

「今日一番楽しかったことはなんですか？」

と、オープンクエスチョンで聞いたのです。彼は朝、「今日はスイミングに行くから何時に迎えに来てほしい」と自分からリクエストし、夜には立て板に水のごとくその日の感想を話したそうです。

「こちらが先取りをして指示を出している限りは、子どもの中にいろんな考えや思いがあるなんて知ることはできないよね」と言う彼女です。その満足そうな横顔を見ながら、質問するということは相手に働きかける行為であると同時に、相手を信じて待つ行為でもあるのだと思いました。

相手の頭の中を読まないで聞く

「相手の人に自由に考えてもらうための質問」をするときにコーチが自戒することが一つだけあります。それは、「相手の頭の中を読まないで聞く」ということです。多分こういうことを考えているんじゃないかなあ、という予測を働かせないで聞く、ということです。

といっても、自分の頭の中に仮説が浮かんでしまうときは多々あるのですが、そういうときは、その仮説を脇に置くことを意識します。ときどきその仮説を証明したくなる、「やっぱりそうじゃん！」と思いたくなる自分があるのですが、これはクライアントの方にとってはなんの意味もありません。自分の小さな頭の中の予測や仮説を捨て続けながら耳を傾けることで、さらに新しい質問を生み出すのがコーチの仕事です。

『子どものことを子どもにきく』

『子どものことを子どもにきく』という本があります（著者の杉山亮さんは、「ミルキー杉山の『あなたも名探偵』シリーズ」を書いている児童作家です）。

杉山さんは、息子さんが3歳から10歳になるまでの8年間、年に1回、近くのファミリーレストランでインタビューをしてきました。『子どものことを子どもにきく』というタイトルはまさにその行為を表すものです。背景には、「いかに大人が子どものことを子どもにきかずに進めているか、いかに子どもに対してはこういうものを提供するべきだろうという大人側の推測や考えだけで進めているか」という事実への気づきがあった」と杉山さんは書いています。

読者にも「うちの子インタビュー」を勧める杉山さんは、本の最後にインタビューをするときの「勘どころ」としていくつかの点をあげています。

杉山さんがご自分のインタビュー体験を通して得た勘どころは、コーチングの質問のスキルと酷似しています。コーチングがそもそも「発見された」スキルであること、対等な対話の名人は自然にそのスキルを使いこなしていることを目の当たりにした思いです。杉山さんがまとめた勘どころ10項目の中からいくつかをここに引用しておきます（項目だけ引用したものと、項目のあとの本文もつけ足して引用したものとがあります）。

❶子どもだからおもしろいことを言うと期待してはいけない。

❷「子どもだから言っても分からないだろう。またたずねても答えられないだろう」と甘く見たり、過保護にしない。

❸大人に都合のいいところ（たとえば文章にしたときにサマになっている言い方とか大人から見

てユーモアが感じられるセリフなど）に誘導しない。

「自由は好き？」と聞いて「うん」と答えたら、「子どもは自由が好きだ」と書くような、お決まりのセリフを引っ張り出すような聞き方はしない。

❹大人がすでに答えを知っていることをわざわざたずねない。テストをしているのではない。それでは対等の対話にならない。知らないからたずねるという行為にリアリティが生まれる。

❺まとめようとしない。

美しい言葉の何倍もの、どうでもいい他愛ない尻切れトンボに終わる対話のほうが、よっぽど深いところを耕す可能性がある。

❻相手の全力にはこちらも全力を出す。

分からないことは「分からない」、知らないことは「知らない」と言う。

お互いが話したり聞いたりすることを楽しめるような「対話」を目指すのであれば、大人は少なくともこれを胸に刻む必要があるのだと思いました。

杉山さんはこうも言っています。

「自分の思ったこと、感じたことをそのまま言えるようになることは、悟ることに匹敵するほど大きな力だ。知識のためでもなく教育のためでもない、静かでしかし楽しい対話を大人と子どもの間で始めよう」

コーチングポイント

目の前にいる人の未来に対して心からの尊敬と関心があったら、
オープンだのクローズドだのにこだわらず、どんな質問をしてもいい。

CHAPTER

02

アクノレッジする〈その①〉

存在そのものを認める「アクノレッジ」

アクノレッジするとは、直訳すると「承認する」「認める」という意味です（名詞形になるとアクノレッジメント「承認」となります）。

これはもちろん、思ってもいないお世辞を言うことではありません。その人の素晴らしいと思えるところを自分の意志で見つけていき、それを言葉にして伝えていく行為です。

「ほめる」という言葉とも限りなく近いのですが、アクノレッジメントには、「その人の存在そのものを認めていく」「その人がそこにいることに価値を置いていく」というような意味合いをも含んでいます。

アクノレッジメント（「承認」）のスキルは、

❶結果承認
❷行為承認
❸存在承認

の3つに分けることができます。

❶結果承認

100点を取った時にほめる、サッカーの試合でシュートが決まった時にほめる、というように、良い結果を出したときにほめることを指します。これは普段、意識しなくても私たちは自然にやっていることが多いようです。

❷行為承認

望ましい行為があったときにそれを認めていくという承認の仕方です。その行為が、まだ良い結果に結びついていなかったとしても認めていきます。漢字の練習を以前よりもたくさんやるようになったら、たとえテストの点が前回と同じ40点だったとしても「でも、たくさん練習するようになってえらいね！」とほめることが行為承認です。

行為承認をするためには、子どもを注意深く観察していく必要があります。どんな小さな進歩や努力でも見逃さないぞ！というような心構えで見ていく必要がありそうです。

❸存在承認

文字通り、子どもの存在そのものを認めていくことです。朝起きてきたら「おはよう！」とこちらから声をかけるのも存在承認ですし、子どもに笑顔を向けること、子どもの話に耳を傾けること、子どもを抱きしめること、すべて存在承認です。

子どもの存在を喜び、子どもの存在を受けとめる行為はすべて存在承認と言えます。

そして、この存在承認や行為承認がなくて結果承認だけのコミュニケーションは、人をかえって不安にさせると言われています。

ほめるのは「結果」だけ？ 人の力を引き出すアクノレッジメント

年に一度、コーチングの大会があります。2004年の基調講演で、BMW東京株式会社代表取締役の林文子さん（現在は横浜市長）のお話を伺うことができました。林さんは、ホンダの数少ない女性セールスとして数々の記録を打ち立て、BMW東京社でも売上最下位支店を半年でトップに引き上げたという実績のある方です。BMWという憧れの響きから、きっと魔法の杖を持ったスーパーレディなのだろうと思っていました。

ところが、スーツ姿で壇上に立たれた林さんが紹介してくれたのは特別な方法論ではなく、一人ひとりの営業マンと交わした一つひとつの会話でした。そして、その会話のすべては「この人をアクノレッジしよう」という林さんの意図から生まれたものでした。

「売れなかった」と報告してきた営業マンの言葉に、「ええ！　あなた、あんなにがんばっていたのにっ⁉」と心底驚くところからその会話は始まります。営業に同行した帰り道、その営業マンの説明で素晴らしかったところを一つひとつ承認します。技術者の若いスタッフとも、昼食のコンビニの袋を覗き込みながら「これ、油っぽくて体に毒じゃない？」なんておしゃべりを毎日交わすそうです。

林さんの関わりは、その人の存在に心から関心を払う「存在承認」、まだ結果にはつながらないけれど、その人の努力を認める「行為承認」、そして素晴らしい結果を喜んで分かち合う「結果承認」に満ちていました。

「若いスタッフに『クサイこと言わないでくださいよ』と目をそらされても、自分は真正面から向かい合ってきたんです。私にとってあなたがどんなに大事な存在かを伝え続けてきたんです」と言う林さんの表情には、一点の曇りもない強さがありました。

暇さえあれば、すきあらば、人を認めて生きる

コーチ・エィの代表取締役社長、鈴木義幸氏はアクノレッジメントというスキルを心から大切にし、実践しています。鈴木さんは日本を代表するさまざまな企業で研修を行ってきましたが、アクノレッジメントのスキルを紹介する中で必ずこう言っていました。

「世の中には2種類の人がいます。1種類は、『誰か自分のこと認めてよ』と、認められるのを待っている人。もう1種類は、『暇さえあれば、すきあらば、人のことをアクノレッジしよう』と思って生きている人。僕は後者を選ぼうと決めたんです」

「暇さえあれば、すきあらば、人をアクノレッジする」という表現にはしびれます。もちろん鈴木さんは組織の中に強いチームワークを作って結果を出していくという文脈の中で話しているのですが、家庭の中でもたまにはこういうスタンスで家族に向き

合ってみる日があってもいいと思いました。

お父さんが疲れて家に帰ってきたら、出迎えたお母さんが、「すきあり！　お父さん、帰りに甘栗買ってくるなんてステキ！」と言い、受けて立つお父さんが、「すきあり！お母さん、今日は美容院に行ったね、ちょっとハネてるけど似合ってる！」

こんな気合いの入った「おぬし、なかなかやるのう」な夫婦の会話があってもいいような気がします。

子どもの世界をいっしょに味わう

鈴木さんは中京地区で活躍されているコーチ、稲垣陽子さんのホームページにこんな記事を寄せていたことがあります。鈴木さんと稲垣さんの了解を得てここに全文をご紹介したいと思います。

アクノレッジメントという言葉を英英辞典で調べると、こんな訳が書いてあります。

「その人がそこにいることに自分は確かに気がついている。そのことを相手に伝えてあげること」

人はなかなか自分で自分の存在を確認できないんですね。誰かに「そこにいるんだね」と言われて初めて自分の位置が確認できます。パーソナルなトーンで声をかける、意見を求める、服や髪型や行動などのちょっとした変化に気づいて伝えてあげる、同じ言葉をオウム返しにする等々、相手の「存在」を承認するすべての行動がアクノレッジメントとなります。

と、本（『コーチングのプロが教える「ほめる技術」』）の中では偉そうなことを書いていますが、自分自身はどうかというと、やはりいろいろあります。

4歳になる幼稚園に通う息子の話です。3週間ぐらい前から「バターライス」しか食べなくなってしまったんです。バターライス分かりますか？　あつあつのご飯にバターを入れて、お醤油をかけて、海苔を散らす。これをぐちゃぐちゃに混ぜて食べるわけです。家内が1回教えたのが運のつき。それまで好きだった納豆もお豆腐も見向きもしなくなり、バターライス一本になってしまいました。

最初の1週間はまあそのうちやめるだろうと気楽に構えていましたが、1週間経ってもやめる気配がないので（3食本当にそれしか食べないんです！）、さすがに心配になってきました。最初は「そうくん（そうたろうと言います）。そろそろ、ほかのものも食べようよ」と優しく言っていたのですが、まったくバターライスから離脱する気配がありません。

2週間経つに至り（日数をちゃんと数えてました）、ついに「そうくん、いい加減にして！」と声を荒げてしまいました。私以上に楽観的で、「そのうちなんとかなるわよ」が口癖のうちの家内がその様子を横で見ていて言いました。「大人気ないわね〜、本に書いてあることとやってることは違うわね〜」

で、さらにその3日後、いつものように息子がバターを混ぜ混ぜしているところを見ていたら、なんか、すごくいいにおいがしてきて、ちょっと食べたくなったんですね。それで自分にもバターとお醤油と海苔を持ってきて、混ぜ混ぜしてバターライスを作ったんです。そしたらこれがうまい！

35年生きてきて初めて食べるバターライス！　本当においしくて息子に「そうくん、バターライスっておいしいねえ！　パパ知らなかったよ！」。そうたろうはとっても嬉しそうな顔をして「うん！」とうなずきました。その次の日からそうたろうはバターライスをやめました。

うちの家内曰く「アクノレッジメントがあったのね。認められたっていうの。子どもから教えてもらったわね」

今息子は、生卵しらすご飯にはまっています。ん〜、アクノレッジメントはむずかしい。

お父さんが自分と同じものを食べてくれて「おいしいね、パパ知らなかったよ！」って言ってくれたらどんな気持ちがするのでしょう。満面の笑顔で「うん！」とうなずくときの「そうくん」の気持ちはどんなだったのでしょう。このことをちょっと想像してみるだけで、アクノレッジメントが人に与える力の大きさを感じます。

「ねえ、ママちょっときて、ここまできてよー」
「ねえ、ママこれみて、これみてよー」

そういえば、幼い子どもが語りかけてくることは、いっしょにここに来て、いっしょにこの世界を味わえということに尽きるような気がします。親がいっしょにそこまで行くことは、子どもにとって大きな大きなアクノレッジメントなのだと思えます。

コーチングポイント

「子どもは、大人からほめられて初めて未来を思うことができる存在である」

「夜回り先生」として知られる水谷修さんの講演より

CHAPTER 03

アクノレッジする〈その②〉

「差し出されたものをもらう」というアクノレッジメント

相手の「存在」を承認する行動の中の一つに、「子どもが差し出したものをもらう」、それも、「心から感謝して、もらう」ことがあるのではないかと思います。

小さい子どもは何かをくれるのが好きです。「あい」と言って何かをくれるので「ありがとう」ともらったら、手の中には何もなかった、ということもあります。

娘が2歳のころ、私の両親がままごとにつき合っていたときに延々と繰り返されていたのは、娘が「どうじょ」と差し出す空っぽの湯呑みを「ごくごく」「ああ、おいしい」「ありがとう」と飲み干す場面でした。娘は得意満面でまた湯呑みを回収し、おもちゃの急須でお茶を入れる真似をします。また、「どうじょ」です。両親は「ごくごく」から始まる一連のセリフを、さらに勢いづいた演技力で繰り返します。そしてまた娘は嬉々として湯呑みを回収し……。

この様子を思い返すと、自分が差し出したものを相手が喜んで「もらって」くれる、それは人にとって最もうれしい瞬間なのだと気づきます。「もらう」というと、なんだか受け身的な行為のような印象がありますが、「心を込めて、感謝の気持ちを表現しながら、もらう」ことは、意識して働きかけようという意志があって初めて可能になります。

娘が出会う大人の人を見ていて、「ああ、この人に出会ってよかったな」「この人に出会えてラッキーだな」と感じられる人はみな、「もらう」力が豊かなのだと思います。

まだ子どもが幼児のころ、松井るり子さんの『ごたごた絵本箱』（学陽書房）という本を何度も読みました。絵本の紹介と同時に、子どもを育てることへのいろいろな示唆が含まれている本です。その中で松井さんが、津守房江さんの書かれた『育てるものの目』（婦人之友社）という本を紹介していましたので、早速読んでみると、何気ない言葉の中に、心に残るものがたくさんありました。

「子どもから差し出されたものは大切に受け取る。こちらから差し出すときは、そっと差し出す」

私の意訳ですが、この言葉が私にはとても印象的でした。

親が子どもに何かをあげることによってその子を認める、ほめようとすることはふだんよくやると思うのですが、ともすれば差し出すことばかりに意識が向きがちです。まず、子どもから差し出されたもの、子どもが言うこと、子どもが表現してくることを受け取る、ただ受け取るのではなく、大切にもらう、それを意識して行うことが子どもの存在を承認することになることを、津守さんは経験を通して知っていらっしゃるのだと思いました。

子どもの言葉を「もらう」

7歳になった夏、娘はそけいヘルニアの手術で入院しました。袋状になった腸の一部分を縛るという手術です。2泊3日の入院でしたが私たち家族にとっては大きなできごとでした。

手術をしたほうがいいと知り、医師をしている知人の紹介状を持って都内の病院の外来に行きました。知人は、「卒業してから20年会っていないんだけど、20年前はすごくいい奴だったからきっといい小児外科医になっていると思う」と言って、その先生を紹介してくれたのです。

自分たちの番がきて、娘と手をつないで診察室に入ると、先生はこちらを向いて「こんにちは」と声をかけてくれました。体を真正面に向けてくれたこと、まっすぐ私たちを見ている目が優しく笑っていること、はっきりとした明るい「こんにちは」の声の響き——部屋に入ったとたんに、私は自分たちが大切に待たれていたかのように感じました。

娘は初対面の人に会うと、まるでそこにその人がいないかのように無視することもあります（私も昔、まったく同じタイプの子どもでした）。先生が娘の顔をちょっと覗き込むようにして話しかけてくれると、「一輪車はいつごろからやってもいいの？」「ええっ、一輪車乗れるの？」「うん、乗れる」という会話が自然に生まれていました。先生は診察が終わると、手術の必要性があること、自分が責任を持って担当することを丁寧に説明してくれました。

手術の日取りを決め診察室を出てきたとき、気持ちが落ち着いて、何か充実感さえ感じているのに気がつきました。これでいい、これできっとうまくいく、そんな気持ちでした。

娘の初めての入院体験は無事終わりました。算数ドリルがやりたいと言って、なぜか、ものに憑かれたように病室でせっせとやりました。その間、先生のまっすぐな視線と、笑顔と、明るい声は変わりませんでした。

退院の許可を伝えて病室を出ようとする先生に私がお礼を伝えると、ベッドに座っていた娘が本当に小さな声で「ありがとうございました」と言いました。いつにも増してかすかな声でした。

娘はときどき自分から「ありがとう」の言葉を大人に伝えることがあるのですが、それを伝えたときには相手の人はすでに立ち去っているか、次の話題でやりとりしている声にかき消されているかのどちらかでした。タイミング、音量、ともにその言葉を受け取ってもらうことはむずかしいのが常でした。

病室を出ようとしていた先生は、そのかすかな声を聞きとめると、くるっとこちらに向き直り、体をかがめ、娘に視線を合わせてちょっと微笑んでひとこと、「どういたしまして」と応えました。

娘の言ったお礼の言葉を最後まで聞いた大人はこの先生が初めてだと思います。そして、その言葉をもらってくれて微笑んで返事をした大人も、先生が初めてでした。

「大切にもらう」ということが、病院を訪れる人への最大の助けになることを、先生は深いところで知っていたのだと思います。

子どもが表現したものを「もらう」

2年生になって娘はピアノの個人レッスンに通い始めました。お友だちの紹介でそのレッスンを見学に行ったのですが、娘は一目で先生を気に入ってしまいました。いかにも芸術家という風情のある女の人です。先生の声は大きく、エネルギッシュで、ユーモアがあり、確かに本当に楽しい1時間でした。

実際にレッスンが始まりました。初回のレッスンの最初に、先生は娘の名前を確かめると一瞬目を閉じて「いいお名前ねー。先生、ちはるちゃんってお名前の生徒さん、初めてよ」と、本当にうっとりしながらこの名前を味わってくれました。先生の前に立っている娘が体を左右に揺らして照れながらも、喜んでいるのが伝わってきました。

次の週、娘は先生に小さい手紙を書いていきました。鉛筆書きで文字が少なくて余白にハートがたくさん書いてあります。レッスンの始めに渡すと、先生は「うわあー」と言ったきり、穴のあくほどその小さいメモを見つめます。「ちはるちゃんありがとう」とひとり言のようにつぶやくと、また見入っています。「ハートがいっぱい」と言って、また眺めます。やっと顔を上げると、「これはここに飾っておこうね」と譜面台の上にメモを乗せてレッスンを始めてくれました。

ピアノの弾き方の受け取り方も半端ではありません。『小人のマーチ』という曲は、最初の出だしは小さくてだんだん大きくなっていくのですが、娘はだんだん、という力配分ができずに、途中でいきなり大きくしました。先生はそこでちょっとやめ、「ねえ、ちはるちゃん、今こんな感じよ」と言って部屋の端っこに行き、「ここから歩いてきたちっちゃな小人がね、うわあああ！！！って飛び出してきた感じよお」と実演して見せます。その実演が真に迫り、まさに娘の弾いた『小人』はそんな様子だと思わせ、何よりも先生の大口を開けた「うわああっ」が実におもしろく、娘はイスから飛び上がらんばかりに笑い、喜びました。

この曲は今も家で練習していますが、そうっとだんだん大きくしていく勘どころはしっかり娘の内側に作られているのが分かります。

子どもが差し出したものを受け取る能力が、教師としての能力のすべてなのではないかと思わせるようなあり方でした。

レッスンの1時間は、娘にとっても私にとっても何ものにも代えがたい貴重な時間に思えます。先生と話しているだけで娘の心が育っていくのを感じられるような時間です。

先生が娘の差し出すものを、それがどんなものであれ、全身でもらってくれる。そこからくる安心感が娘の心を育てている気がするのです。

コーチングポイント

心から感謝して何かをもらったりしたら、自分の価値が小さく、自分のほうが下になってしまうような気がするときがあります。ところが、相手の価値の大きさをきちんと味わえると、だんだん自分の内側に自己への信頼が蓄えられ、自分の価値の大きさを感じることができます。

CHAPTER

04

リクエストする

「不満には応えられないけれど、リクエストなら聞きますよ」

初めてコーチングのワークショップに参加したのは、1997年の夏でした。コーチ・エィ創業者の伊藤守氏が、アメリカのコーチ養成スクール「コーチU」の代表デイビッド・ゴールドスミスさんを招いて開催しました。

3日間のワークショップの中で、約100人の参加者がコーチングの考え方に触れたのですが、デイビッド自身が語ってくれた数多くの興味深いエピソードの中で、いちばん印象に残ったのは彼自身の息子さんたちとの関わりでした。

子どもたちとテレビを見ている。たまたま僕のそばにリモコンがある。すると子どもたちは、

「お父さあん、テレビの音が小さいよー」と僕に向かって言う。

「ああ、そう」と聞いてそのままにしていると、また、

「お父さあん、テレビの音が小さいよおおー」と言う。

そこで僕はこう言うんです。

「不満には応えられないけれど、リクエストなら聞きますよ」

すると子どもたちは、はっとしたような顔をして背筋を伸ばしてこう言います。

「お父さん、テレビの音を、もっと大きくしてください」

そこで僕は、

「はい、いいですよ」と言ってリモコンを手に取り、音量を大きくしてあげるんです。

もちろん、デイビッドは「コーチングマシーン」のような人ではありません。3日間のワークショップの中では、ときどき息子さんたちの話が出てきました。できるだけ多くの時間をいっしょに過ごそうとしている、子煩悩な父親の姿が感じられました。デイビッドがうれしそうにこの話をするのを聞きながら、ふだん私が交わしている会話とはちょっと違うものが存在する、という驚きを味わいました。

ただ不満を言うのではなくて、自分から相手にリクエストをする—自分から責任を持って人に関わるという習慣がつけば、自分の思いや目標を遂げられる、すくっとした大人になれそうです。

当時、娘は1歳だったのですが、「いつかはこういう会話を交わしてみたい」と憧れました。

素直に「お願い」できない理由

コーチングスキルを使うときには、相手にそのスキルを伝授する前に、まず自分が使えるようになる、という姿勢がコーチたちの暗黙の了解としてあります。「不満をリクエストに変える」ことを子どもに求めるのなら、まず、親である自分自身がそのことに熟達している（とは言わないまでもとりあえず使って成果が出せる）必要があるでしょう。

そこで、このことを意識してみました。ところが、これが案外むずかしいのです。

出かけた休日の夕食後、お皿を洗って早く子どもをお風呂に入れなきゃ、そういえばベランダのミニトマトに今日水やったっけ、そうそう給食袋にアイロンかけなきゃ、夜10時にはTさんからコーチングの電話があるんだよね、なんて2本の手を無意味に動かしながら頭が熱くなっているとき、夫はラジオのイヤホーンを耳に入れ、寝転がって新聞を読んでいます。

こういうときに「お皿を洗ってください」と爽やかに感じよくリクエストできたらいいのですが、それをさせないものを私は自分の内側に飼っています。

（なんで私がわざわざ頼まなきゃいけないのよ）

（この様子を見ていたら分かりそうなもんじゃない）

（自分からお皿洗うよって、なんで言えないのよ、もうこのやろー）

となります。

そして私はますます荒々しく部屋の中を歩き回り、がちゃがちゃいわせながら皿を洗い、明日の用意をしている娘に「早くして！」とドスのきいた声をかけることになります。

友人でコーチ仲間のIさんがこんな名言を残しました。「コーチングの中ではいくらでも心からリクエストできるのに、家族、とくにだんなにリクエストするときは、涙まじりのけんか腰にならなきゃ言えないんだよね」と。

リクエストは「要求」という言葉に直訳できますが、実生活では「お願い」という訳が当てはまるような設定が多いように思います。自分から相手に直接的にお願いをするとき、心の中にいる「プライド」が邪魔をするのを感じます。「お願いなんてするなよ、相手が分かるべきなんだ」とささやきます。そして、不満の度合いをますます上げて、アピールして、相手に無理やり振り向かせたり、反省させようとするのです。

結構疲れますが、そのときには、やめられない、とまらない、かっぱえびせんです。

シンプルにリクエストできる「大人」

松井るり子さんの『幸せな子ども』という本に、アメリカのシュタイナー学校の先生が子どもにどんな関わりを持つかの記述がありました。その記述を簡単にまとめてみます。

昼食後、お皿を洗って片づけることが決められている学校で、ある子どもがお昼を食べ散らかしたままで遊び始めました。

先生は、その子の耳元で「テーブルを片づけてね」とリクエストします。子どもは「うん」と言って遊び続けます。

少し経つと先生はまた耳元でさっきより小さい声で「テーブルを片づけてね」と言います。その子はまた「うん」と言い遊び続けて……5回目に先生が耳元でささやいたときに、その子は「本当に」聞こえたらしく、お皿を洗い、すべて片づけました。「全部片づけた」という得意げな言葉に先生は、にっこりと「ありがとう」を伝えたそうです。

その後松井さんご自身も、お子さんに伝えたいことがあるときは、最初と同じ言葉を最初と同じトーンを保って繰り返すことにしてみたそうです。すると、子どもの耳にその言葉が「本当に」聞こえるまでの回数は、怒りながら伝えたときと変わらないか、むしろ少ないように感じたとありました。

シンプルにリクエストする、というのはコーチングスキルの中でも基本中の基本のようなものですが、この方法はすごい、と思いました。命令でもなく、不満たらたらで相手の罪悪感を煽り立てるでもなく、ただシンプルにリクエストすることの力を感じます。そして、それをやり続けることのできる大人としての揺るがない「あり方」を手に入れたいと思いました。

コーチングポイント

はっきりとした目的があるとき、その目的に向けてみんなの力を集結させる責任を自覚するとき、人は爽やかにリクエストし始めます。

CHAPTER

05

相手のために求める

相手の未来を相手のために望む

リクエストの親戚のようなスキルとして、「wanting for（相手のために求める）」というスキルがあります。意訳すると要求ではなく、「要望する」ということになるのでしょうか。

会社の同僚に、日本の最難関大学出身のTさんがいます。細い脚におしゃれな靴がよく似合う20代の女性で、同居している姪ごさんにラスカルの絵皿をあげるため、コンビニのシールを貯めていたりする人です。そんなTさんから小学校時代の先生の話を聞いたことがあります。

Tさんは子どものころ、体育が大の苦手でした。自分の一族を見回しても体育の得意な人はいなかったので、いつも手を抜いていました。5年生の2学期が始まったばかりのある日、運動会の徒競走の練習で全力を出さずに適当に走っていると、そんなTさんを見た担任の先生が、声をかけてきました。

「僕はいつもがんばって勉強している君をすごくいいと思っている。なんでもあきらめずにがんばるところがTのいいところだと思っている。だから、君には体育だってがんばってほしいんだ。君に、全力で走ってほしいんだよ」

先生は、先生自身のためにこれを望んでいるんじゃない、私のために望んでくれている。そのことがひしひしと伝わってきたそうです。彼女が人からこんなふうに望まれたのは、それが初めてでした。

その日から9月の1ヵ月間、Tさんは1日も休まずに、毎日全力で走る練習をしたそうです。そして運動会当日、1位でテープを切りました。

要望とは「純粋にその人のために、それを求める」というスキルです。先生、上司、親……何か役割を背負って、その役割から「ねばならないこと」を伝えるのとは違います。相手の未来に関心がなければ要望はできないでしょう。一人の人から、もう一人の人の未来に向けて求めることを伝える、それが要望のスキルです。

相手の力を信頼する

私の尊敬するコーチの一人にDさんがいます。私はDさんのコーチをしています。コーチは必ず自分にもコーチをつけて、クライアントの方に最高のコーチングを提供するために、自分の関わりを定期的にチェックしています。

この間、彼から、あるクライアントの方についてのお話を伺いました。そのクライアントの方をZさんとします。

Zさんは今の営業所から、故郷の地方都市の営業所へ転勤する希望を何年も前から出していました。仕事内容と職場の人間関係の両方に不満があり、転勤の希望が通ることのみを期待していました。そして、ついに念願の異動が決まりました。Zさんは「どうせ2ヵ月後には転勤するのだから」と、今の職場で自分を抑えたり我慢したりすることをやめてしまったそうです。

ますます今の職場の人たちとの関わりが悪くなり、それを改善する努力を払わないで転勤までの日々を過ごそうとするZさんに、Dさんはコーチとしてなんらかの提案を伝えたいと思っていました。でも、Zさんはそれを受け取るような雰囲気ではなさそうです。提案をした自分に対して、敵対の関係に入ってしまうとも限らない、とDコーチは考えていました。

その話を聞いてから1週間後、Dコーチはすっきりと晴れやかな声で、開口いちばん、「新境地を開いた感じがしたんですよ」と報告してくれました。

Ｚさんとのコーチングセッションの前に、彼は部屋に大きく「信頼する」と書いた紙を貼ったというのです。今まで自分が相手を信頼していなかった。これを言ってもＺさんは受け取らないと最初から決めてかかっていた。でも、今日は相手を信じて向かい合ってみよう。

Ｚさんが1週間の経過報告をしてひと段落したときに、伝えたいタイミングがやってきました。

「これは、私からのお願いになると思うのですが、転勤するにしても、今の営業所に感謝してから転勤してほしいんです」と伝えました。Ｚさんは一瞬沈黙して、

「それをコーチの立場で僕に言うのはすごい勇気ですね」と言いました。

「はい、Ｚさんがうまくいくためにはそれが大事だと思いましたから」とＤさんが言うと、また沈黙のあと、

「僕の大好きな、いちばん上の兄もきっとそう言うと思います」と言って深く息をついたそうです。

その人にこうあってほしい、「その人の未来のために求めること」を伝えるスキルが、要望（wanting for）です。リクエストでも要望でも、重要なのは、相手の力を信頼すること、自分のプライドや恐れを脇に置いて真正面から向かい合うことなのだと感じます。

コーチングポイント

「相手の未来のために求めること」を伝えることは、その言葉そのものが「贈り物」です。

「贈り物」なのですから、相手の人は、それを受け取るのも、断るのも、無視するのも、使うのも自由であることを、贈り手は忘れてはならないのです。

PART

3

視点を増やすスキル

CHAPTER

01

コミュニケーションのタイプを知る

一人ひとりが特別な存在。「個別化」の原則

最初に「コーチングの原則」をご紹介しましたが、その中に「個別的に、その人に合った関わりをする」というものがありました。これからご紹介するタイプ分けは、まさに個別的に関わるための知識です。

個別的という言葉を聞くと、私は大学時代の授業を思い出します。社会福祉学科で学んだ「ケースワーク」の授業で耳にタコができるぐらい聞いたのが「個別化」とい

う言葉でした。相談に来る人たちを十把一絡げに対応してはならない、一人ひとりをそれぞれ違うかけがえのない「特別な」個人として捉える、ということがケースワークの基本原則です。

人は十人十色、100人いたら100通りの「特別な」存在であるということは深く心に刻まれました。が、ソーシャルワーク実習のときに「気合い」は入ったものの、個別化を具体的に実現する方法を自分で見つけていくのはむずかしい作業でした。

コーチ・エィでは、人のコミュニケーションの仕方を4つのタイプに分けて捉える手法をコーチングの中で実践しています。世の中にはいろいろなタイプ分けの方法がありますが、「コミュニケーションのとり方」をテーマに分けているところが大きな特徴です（心理学の専門家であるスタッフを中心にした研究グループが3万人の方を対象に分析して作成しました）。

もちろん、豊かな個性を持っている私たちを、たった4つの箱に分けて入れてしまえるとは考えていません。ただ、これを一つの材料として知ったことにより、人と関わるときの楽しさや喜びは格段に増えました。そして多分（これはあくまでも推測ですが）、相手の方にとっても、私が少しずつつき合いやすい人間になっているのではないかと思います。

4つのコミュニケーション・タイプ

ここで、簡単に4つのタイプをご紹介しましょう。

コントローラー（直訳すると「支配する人」となりますが、訳語で使われることはなく、カタカナ読みのまま使っています）
プロモーター（促進する人）
サポーター（援助する人）
アナライザー（分析する人）

次に、それぞれのタイプの行動傾向と対人関係の特徴を簡単に記しておきます。

コントローラータイプ（自己主張多め。感情表現少なめ）

・自分で判断したがる
・目標達成に邁進する
・人間関係よりも課題をこなすことを優先する
・結論を急ぐ
・人をコントロールしたがる
・自ら進んで、戦いの渦中に入る
・自分の弱さを見ないようにするため、人を責めることがある

プロモータータイプ（自己主張多め。感情表現多め）

・アイデアが豊富で創造的
・細かいことは気にしない
・新しいことを始めるのが好きだが、飽きっぽい
・楽しいことが好きで、人を笑わせることに夢中になる

・人を仕切るのが得意
・ほめられるといくらでも調子が出る
・とにかくよく話す。あまり聞かない

サポータータイプ（自己主張少なめ。感情表現多め）
・人を援助することが好き
・温かく、穏やかな印象を与える
・何かを決めるのには時間がかかる
・計画や目標を決めることにはあまり関心がない
・課題をこなすことより、人を優先する
・気配りがあり、人の気持ちに敏感
・戦いを避ける

アナライザータイプ（自己主張少なめ。感情表現少なめ）

・情報をたくさん集めてものごとに取り組む
・計画を立てるのが好き
・客観的で冷静な印象を与える
・失敗や間違いが嫌い
・慎重に人と関わる
・人は好きだが、大人数は苦手
・傍観者になっていることが多い

簡単な紹介ですが、ご主人やお子さんの特徴がなんとなく一致するようなタイプが感じられたのではないかと思います。もちろん複数のタイプの特徴を兼ね備える場合もあります。

最初に「タイプ分け」の考えを聞いたときには、なんだかピンときませんでした。しかし、コーチングに自分が馴染んでいくにつれ、タイプ分けの考え方がとても機能するのを感じています。

その店員さんは、どのタイプ？

昨年の夏、あまりの暑さに仕事部屋にもクーラーをつけようと決意しました。夫も2年ぐらい前から下見ばかり繰り返していたBOSEのCDプレイヤーをついに買うことに決め、家族そろって大きな電機屋さんに行きました。仕事部屋の北側はすぐ共用の廊下になっていて室外機が置けません。窓枠設置型の小さいタイプを買おうと決め、店員さんに声をかけました。ぶ厚い眼鏡をかけた若い男性の店員さんがこちらにやって来ました。

「あのう、こういうエアコンって音がうるさいって聞いたんですが、静かなのはどれですか?」

彼はちょっと困ったような顔をして、

「このタイプのエアコンは『セイオン』まで開発の手は回っていません。省エネ対策も同じです」

セイオンって？　静音、制音、いずれにしろ音を静かにさせることか、と頭をひね

っていると、

「あのう、こっちはマイナスイオンが出るんですよね」と主人が聞きます。

「はい、ただマイナスイオンというのは、医学的に証明されたものではまったくありません」

とすかさず言って、その店員さんは眉間に人差し指を当てて眼鏡を直しました。彼がアナライザーだということが手にとるように分かって、なんだかうれしくなりました。僕が大切にしていることは、できるだけ正確な事実を適切な言葉で伝えることなのです—サラサラ前髪のかかる眼鏡の奥の目がそう語っているように見えました。

そして、早く決断したいコントローラーの私は「これ買います」と、唐突に一つのエアコンを指差しました。

さて、今度は夫がCDプレイヤーを決める番です。その同じ店員さんと私たち家族は、広い売り場をてくてくと移動しました。あこがれのBOSE「ウエストボロウ」の前にやってきて、いろいろと質問を繰り出す主人です。

「あっちのＣＤプレイヤーとはやっぱり違いますよね」と聞くと、

「はい、これと比べたらあっちの棚にあるのはおもちゃみたいなものです。ただし、こんな性能の優れた商品は滅多に売れませんから在庫はありません。お取り寄せになります」

と、早口の一本調子で伝えてくれました。

サポータータイプの夫は、決める前に必ずひとこと、「これでいいよな」と私に確認します。私も深くうなずいてもう一つの買い物も決まりました。

「買うからもっと値段引いてよ。上の人と相談してきてよ」

これは電機屋さんでの夫の決まり文句です。高圧的にではなく、これをソフトに言うところが夫の持ち味です。店員さんはちょっと顔を斜めに傾けてからすぐさま奥の事務所に消えていきました。

その店員さんが視界から消えるや否や夫は、「あの店員、なんか買う気がそがれるよな。折角買うんだから、もっと盛り上げてほしいよ」とぼやきます。娘も「あのひと、ちはるもきらいだよ」とすぐさま、あとに続きます。私は思わず、「ううん、あの人、ああいうタイプなんだよ。私たちが思うような気の遣い方はしないけど、案外いい人かもよ」と言っていました。

夫もタイプ分けの知識が少しあるので思い当たったのでしょうか、なんだかニヤニヤし始めました。何を隠そう、夫にもアナライザー的な部分が多大にあるのです。

店員さんは戻って来るなり、「あと5000円お引きします。さらに、当店の5000円のお買い物券をおつけします。そして、これはお持ち帰りですと3000円お引きできるのですが、在庫がないお詫びとして3000円をさらに引かせていただきます」と言って、「お持ち帰り3000円引き」の黄色い貼り紙を手のひらで押さえました。

一気にこれだけ言った彼の頬は少し赤みが差していました。ちょっと胸を張って、明らかに値引きを喜んでいる私たちを前にして、彼も心持ちうれしそうに見えました。

炎天下の帰り道、もしタイプ分けの知識がなかったら、こんなふうにあの店員さんと心地よくいっしょにいられただろうか、と自問してみました。

その人が何を大切にしているのかを理解できると、その人といっしょにいることが楽しくなるのを感じます。よしんば楽しめなかったとしても、それほど苦痛は感じなくてすむように思います。

自分のタイプを知り、子どものタイプを知る

このコミュニケーションのタイプ分けは生まれながらのもの、と考えています。後天的に持ったさまざまな役割によってほかのタイプが強まることはあるでしょうが、本来の自分が持っている傾向は確かにあると思います。

子どもは成長の段階でそれぞれ違ったタイプに見えることもあるのでしょうが、その子を通じて一貫した傾向はあるようです。ちはるのタイプは、私と同じコントローラーのように見えます。

コミュニケーションのタイプ分けという話からは脱線しますが、ちはるは生まれながらに自己主張の強い赤ん坊だったと思います。

生後5、6ヵ月になると、なんでも自分でつかんで食べるようになりました。実家に帰ったときにはよく、隣りに住んでいる兄一家と夕食をいっしょにとります。大人の差し出す箸やスプーンを払いのけ、小さく刻んだモロヘイヤのおひたしを手づかみで食べます。

口のまわりにモロヘイヤを塗りつけ、ときにはじゅうたんに払い落とす赤ん坊を見て、兄は心底驚いていました。ウチの子はおとなしく抱っこされて食べてたぜ。その言葉には苦笑いで返すしかありませんでした。

小学生になった今、友だちに対しては静かでもの分かりのよい子どもという印象を娘は与えているようです。が、それは、自分の感情をどう表現したらよいのか分からず、とりあえず抑えているだけのように見えます。

先日、ウインドブレーカーを買いに行きました。娘の好きな水色の商品を見つけて「これどう?」と勧めると、ほとんど見もせず即座に「やだ」と言います。自分以外の誰かが先に見つけて勧めるものはとりあえず却下する、と決めているようです。「よく見て気に入ったら着てみたら」と声をかけて放って置くと、自分でその水色を手に取り、やおら「いいねえ。これにした」。ああ、よかった、好きなものが選べて。私はホッとします。なんでも自分で決めなくてはいられないコントローラーの性分がちょっと切なく感じられる一瞬です。

会社の同僚で男の子を2人持っているお母さんコーチがいます。2人ともむずかしい中学受験を乗り越えて名門の私立に通っています。お兄ちゃんはサポーター、弟さんのほうはプロモーターとコントローラーの傾向が強いことは前から彼女に聞いていました。

「上の子は、私がこうしたらって言えば、ある程度はうまくいくかな。でも下はそれだとうまくいかない。ほとんど本人に決めさせているね」

彼女自身は有能なコントローラーという印象が強い人です。彼女は、自分ですべてをコントロールしたい気持ちを感じながらも、それと折り合いをつけながら子どもと関わることの成果を実感しているようでした。

*ご自分のコミュニケーション・タイプは、セルフテストのサイト『Test.jp』https://test.jp で調べてみることができます。

コーチングポイント

タイプ分けの知識は、その人にレッテルを貼って終わりにするためのものではありません。

あくまでも、その人を本当にうまくいかせたいと願う人が使うものです。

CHAPTER 02

優位感覚を知る

4つの優位感覚

編集者のHさんのお嬢さんのMちゃんが3歳のころ、朝の支度の忙しいさなか、「ママ、じかんってなに？」ときいてきたそうです。Hさんが「もう時間がないのよ」と言った言葉を受けての質問だったらしいのですが、Hさんはふと立ちどまってしまったそうです。

「正確に伝えなくてはと思うと、もうなんて説明していいのか、パニックになっちゃいました。うちの子って、ニュアンスで受け取ることをしないで、言葉の正確な意味を知りたがるんです。知らない言葉があるのがとにかくいやみたいなんですよね」と知的な横顔を曇らせて語るHさんです。

幼児の質問攻めに合うことはよくあることだと思いますが、中にはお母さんが考えているうちに次の興味に移ってしまう子どもや、童話やたとえ話のような説明で満足する子どももいます。Mちゃんのように言葉の正確な意味を知りたがるのは、やはり、そのお子さんの個性なのだな、と感じました。

コーチングには、「人はそれぞれ違うのだから、その人に合った関わりをする」という原則があります。P112で述べた「個別化」という言葉です。個別的に関わる切り口として、タイプ分けとともにコーチたちが使っているのが「優位感覚」という考え方です。

優位感覚は、「その人がどの感覚を通して物事を認識しているかの傾向」ということができます。次の4つに大別できます。

聴覚系
言語感覚系
触覚系
視覚系

最初にご紹介したように、コーチ・エィではコーチングスキルを教えるスクール事業を行っています。そこでは、この優位感覚を一人ひとりの効果的な学び方に役立てるという観点で、「学習スタイル」と名づけて活用していただいています。

では、それぞれの特徴を簡単に記してみましょう。

聴覚系

・教科書を読むよりも先生の話を聞くのが好き

・言葉で伝えられたことを、そのまま繰り返すことができる
・人の言葉や、声の調子に反応しやすい
・騒音を嫌い、静かな環境で学習することを好む

言語感覚系

・頭の中でいろいろと考えている時間が好き
・意味が通るかどうかが気になる
・新しいできごととデータを関連づけて理解する
・文章を書いたり、それを発表したりする機会があると学習の動機になりやすい

触覚系

・手を使った仕事や、モノを作ることが好き
・新しい機械などは、説明書を読んだり説明を聞いたりするより、まずいじってみる
・学習の際には、休憩時間を入れることで効果が上がる

・何かを覚えるときは、指でなぞる、体を動かすなどの方法だとうまくいく

視覚系

・メモを取るのが好き　しばしば図やイラストにする
・指示を口頭で言われるよりも、書面がある方が理解しやすい
・話を聞くときに、話をしている人の表情や身振りに注目している
・何かを覚えるときは、絵や図を頭に浮かべながら覚えると効果的

これは、必ずしも一つだけの感覚が特出しているわけではありません（とくに言語感覚系の人は、ものごとによっていろいろな記憶法を使い分けるそうです）。自分や子どもの大体の傾向が感じとれればいいのだと思います。タイプ分けと同じように、自分を知って相手を知ると、今までよりも少し距離をとった目線でお互いを見ることができるようです。

子どもの優位感覚を知る

編集者のHさん曰く、「自分も子どもも言語感覚系。だからどんどん細かい話になっていくんですよね」と苦笑します。言語感覚系同士、意味が伝わったかどうか妥協のない会話が続くのも、それはそれで結構楽しめるのかもしれません。この優位感覚、仕事では意識の中にあるのですが、子どもに当てはめてみたことはありませんでした。私自身は聴覚系なのですが、こうしてみると娘にも聴覚系らしきところがあるのは確かです。

夫が鼻歌を歌っていると「パパうるさい」と一蹴します。うーん、これは騒音嫌いか。ただの仕返しか。似たカタカナ、似た漢字を正しく習得するのには、根気強い繰り返しを必要とします。でも、掛け算の九九は「九九CD」を聞いたら、割にすっと覚えてしまいました。確かにそう思ってみると、聴覚系なのかもしれません。この夏休み、カタカナを忘れていたこともむべなるかな。なんだ、そうかあ。このことを知ったからといって事態が一気に変わるわけではないのですが、これから私にできるサポートを思いつく余地があるような気がして、うれしくなりました。

むずかしい漢字を短時間で覚えてしまうというお子さんに会ったりすると焦りますが、もしかしたら優位感覚が違うのかもしれません。コミュニケーションのタイプや優位感覚の違う子ども同士を隣りに並べて比較することが、そもそもあまり意味のあることではないのかもしれません。

＊ご自分の優位感覚も、セルフテストのサイト『Test.jp』 https://test.jp で調べられます。

治癒教育家に学ぶ子どもの個性

シュタイナー治癒教育家であるバーバラ・ボールドウィンさんという方のお話を聞く機会がありました。オーストラリアで、障害のある子どもや学習が困難な子どもに何十年と関わり続けてきたバーバラさんは、常ににこやかでエネルギーに満ちた女性でした。そのお話の中に、優位感覚の違いによる子どもの個性を紹介するところがありました。大人の優位感覚しか考えてこなかった私にとって、バーバラさんの豊かな経験を通したコメントはとても興味深いものでした。

そのときのメモを頼りに、バーバラさんのコメントを一部ご紹介したいと思います。これは子ども一般について述べたもので、あくまでも、それぞれの優位感覚を持った子どもの中心的な特徴を理解するために紹介されたものです（彼女は、視覚、聴覚、触覚の、3種類の分類の仕方で紹介しています）。

視覚優位の子どもは、未来に向かって広がるスペースに生きている。次にやることの準備をして、同時にたくさんのことをする。将来有能なビジネスマンになるかもしれないが、ときどき呼吸することを忘れる。机の上の整理ができて、時計の感覚も内側にある。

聴覚優位の子どもは、想像の世界に住んでいて、現実的なことは苦手という面がある。記憶、思い出、過去に広がるスペースを大切にする。朝起きて、一枚服を着ては夢を見ている。時間は永久にあると思っている。言葉が好きで、物語を聞くのも好き。

触覚優位の子どもは、今に住んでいる。何かに触って動かしたい。服が汚れるのを気にせず、人の注意を気にせず、好奇心の赴くままに動く。原因（過去）、結果（未来）についてはあまり考えない。内側に秘めた高い能力をチームやコミュニティに役立てることができるといい。

バーバラさんのプログラムには、教育や福祉の現場で働いている方や主婦の方が参加されていたのですが、それぞれのタイプが説明されるたびに、「ウチの子、これ！」というようなささやきや笑いが洩れました。手放しでそんな反応ができたのは、バーバラさんの説明の中に、子どもの特徴に敬意を払い、ありのままに受けとめてきた彼女の生き方が感じられたからなのだと思います。すべてのタイプが慈しまれながら説明されていました。

娘はやはり聴覚系のようです。頭の中にいろんな空想や考え、思いがあって、それを自分で味わったり人に話したりすることに余念がなく、万事時間がかかるという「個性」があります（そういえば、私の子ども時代も同じでした）。現実的に、てきぱきしっかり生きているお子さんと、単に優劣で比較してしまうのはちょっとやめておこう、そんな新しい視点が生まれました。

知識を「どうせこの子はこういうタイプだから」という先入観を持つことに使うのではなく、それぞれのタイプの子どもを理解し認めるのに使う。そのうえで、うまくいかせるために何ができるのかをこちらが考える、そういう姿勢をバーバラさんは教えてくれました。

コーチングポイント

「『ないものねだり』より、『あるもの伸ばす』！」

『実践親子会話術』の著者であるコーチ・谷口貴彦さんのワークショップの中の数々の名言より

CHAPTER

03

意識して視点を動かす

客観的か主観的か。視点を移動する

コーチを雇った人はよくこう言います。

「視点が増えた」

「視点が変わった」

私たちコーチも、クライアントの方に多くの視点に移動できるスペースをいかに提供できるかが勝負だと思って質問に磨きをかけています。

ディソシエイト

アソシエイト

という言葉があります。

ディソシエイトとは、ちょっと引いて、客観的に絵を見るようなものの見方です。その絵の中には自分さえも登場人物として描かれています。鳥の目になって上空から見てみるイメージということもできます。

アソシエイトとは、主観的で自分がその絵の中に飛び込んでいる状態です。まさに渦中の人であり、自分はここにいる生身の自分である、という実感があります。

この2つの視点を自由に行き来できると、視点は倍に増えるわけです。

コーチングのときには曲がりなりにも意識しているのですが、自分の日常となると、一つの視点から動けないでいる、ときには動こうともしない自分を感じます。ただ、誰かのふとした言葉で、新鮮な気づきとともに視点の変化を感じることがあります。

Sさんとは長年いっしょに仕事をしてきて、多くの時間を分かち合ってきました。Sさんのご主人は起業家です。20代後半の頃、ご主人の会社が倒産寸前の危機に見舞われたことがありました。この2、3日をなんとか切り抜ければ、という朝、Sさんが私にこう言うのです。

「父から電話があったんだけどさ」

彼女のお父さまには私もお会いしたことがありました。ポロシャツをダンディに着こなした引き締まったスタイルが思い出されます。

「父が私に言うのよ、『こういうときに、僕が気になることはたった一つなんだよ。僕の娘は苦境に陥った彼をしっかり支えているだろうかって』」

彼女の目には涙が浮かんでいました。

私はてっきり、彼女のお父さまが彼女のことのみを心配して電話をかけてきたのだと思っていました。だから「彼をしっかり支えているか」どうかを心配している、というその視点にはっとさせられました。Sさんのお父さまが娘の損得という視点ではなく、彼女が人に対して何ができるのかという視点でこの難局を捉えていることに感動を覚えました。そして、Sさんがお父さまをすごく尊敬している理由も分かった気がしたのです。

ある雑誌を読んでいて、このときと同じような感じを受けました。東京大学名誉教授・前白梅学園大学学長の汐見稔幸先生が書いた記事です。以下に引用します。

娘がテストでひどい点数を取ってきたときに、こう言ったことがあります。私は「おまえのいちばん仲のいい友だちは何点くらいなのか?」と聞いたのです。すると、その子は娘よりもさらに悪く十数点でした。そのときに「おまえはその子に教えてあげているのか?」と聞きました。親は、自分の子どものことだけを考えて責めるのではなく、「友だちの宿題をやるときに手伝ってあげてるか? 教えてあげてるのか?」と言わなければならないのだと思います。

さらに、娘さんの行く中学校は学区で最も荒れていたのですが、あえてそこに行くことを勧めたそうです。そのときに、「仲のよかった友だちが少しずつ荒れてくる、つっぱってきたときに、あの子はもう友だちじゃないと考えるのか、巻き込まれて同じことをするのか、どっちもだめだ。友だちだったら、なぜその子が荒れるのかを聞いて、味方になってあげる、それが人間を鍛えるんだ」と何度も言ったそうです。

私はこの記事を読んだとき、自分の脳みそがぐるっと回るような感じがしました。そして本来下りるべきところに、気持ちがしっかりと着地するのを感じました。ともすれば、子どもの出来不出来、利害や損得に、どっぷりと頭を突っ込んでしまうことが多い私です。汐見先生の言葉は、私の目の位置をぐっと後方に引き戻してくれました。自分の子ども、子どもの友だち、子どもや友だちを取り巻く環境までもその視界の中に捉えることができる広がりを与えてくれました。こういうときに初めて、大人としての、親としてのスタンスでものを考えることができるのかもしれません。

娘の中学進学のときに、汐見先生と同じことを言える自信はないのですが、こういう視点があることを知っていくことが、とても意味のあることに思えるのです。

視点の時間的な広がり

視点の広がりには、今のような、点から面への平面的な広がりのほかに、時間的な広がりもあります。

会社の昼休み時間に、子どものいるスタッフと何人かで雑談をしていたときのことです。そのとき私は、子どもに関して気になっていることを話していました。そうしたら、ある男性スタッフがぽつんと言いました。

「それってちょっと近視眼的だよね。結局子どもに望むことはさあ、『丈夫で長持ち』だけだろー?」

え? じょうぶでながもち? ああ、丈夫で長持ち、ね。

気持ちが一瞬にして開けていくのを感じました。

「その子が丈夫でご機嫌で長生きしてくれることに、すべての力を使えばいいんだろー?」と言う声を聞きながら、今度は視線が少し上に上がって、自分の前に見えない道がまっすぐに伸びているような気がしてきました。

目の前のありんこと会話するような視点から、その道のずーっと先、私や夫はもう生きていない先にも、娘が生き生きと人生を送っているイメージが浮かんできました。この言葉を思い出せば、自分も子どもも伸び伸びして、お互いを大目に見て大切にし合えるような気がしました。そういえば赤ん坊が生まれて産院にいた1週間の間に繰り返し思ったことは、「長生きしてね」だけでした。

30代前半の頃、なぜだか仕事がむちゃくちゃ忙しく感じられていました。やることもたくさんあったのですが、それ以上に自分の頭の中がフルスピードで動いていました。成果を出すことに意識が向かいすぎて、前のめりにつんのめって歩いている感じだったのだと思います。事実(今でもやりますが)、急ぎすぎてオフィスのゴミ箱につまずいたり、片足突っ込んだりしておりました。

ある日、コーチ・エィ創業者の伊藤さんとのミーティング（当時からミーティングはそれ自体が一つのグループコーチングのようなものでした。伊藤さんの質問を受けてそれに答えているうちに、今問題なのは何か、どうやったらそれをクリアできていくのかが明確になっていくのを何度も味わいました）が終わって席を立とうした私に、伊藤さんが声をかけました。

あ、そうそう安部さん、と言う声がしたので振り返ると、とても静かな口調で、

「ゆっくり行けば、遠くまで行けるよ」

と、ひとことだけ言いました。

あ、はい。そうです、はい。と、しどろもどろの返事をしながら書類を抱えて部屋から出てくると、オフィスの景色が少し違って見えたのを覚えています。呼吸がゆっくりできて、オフィスにいる人が着ている服の色が一つひとつはっきりと目に入ってくるのを感じました。

「ゆっくりいけば、とおくまでいけるよ」

今でもときどき、この言葉を思い出します。

2年生の夏休みに子どもがカタカナの「ヌ」を忘れているのを知ったとき、ほかの

お母さんと自分を比べてしょんぼりした気持ちになったとき、よくこの言葉を思い出します。

コーチングポイント

視点は、自分が心地よいと感じられるまで、自分に力がみなぎってきたと感じられるまで、好きなだけ自由に動かしていいんです。

CHAPTER 04

宝物（リソース）を見つける

宝物（リソース）とは

子どもを持ったことで、初対面の人、とくに年配の方から話しかけられることが増えました。赤ん坊から2、3歳ぐらいまでが話しかけられるピークのようです。

2歳前ごろ、階段の上り下りをするのが好きだった娘のために、日曜で人の少ない市民施設の階段のあたりをうろうろしていました。上っては下り、下っては上り、いつまで経っても帰ろうとしない娘に「もう帰ろうよ」と声をかけたら、「うえぃうえぃうえぃうえぃっ！」と叫びました。その声の大きさと荒々しさに一気にやる気をなくしていると、品のよい老婦人がこれ以上できないようなニコニコ顔で「お元気ですねえ。いちばんいいときですねえ」と娘に見とれるようにして声をかけ、行き過ぎました。

そう、かい？　お元気、なのかい？　いちばんいいとき、なのかい？　と自問していると、夫の当惑した顔が目に入りました。その目が宙をさまよっています。

「今がいちばんいいときね」とはよく聞く言葉です。が、こっちは必死で毎日、自分の思いを通すか子どもの要求を呑むか、土俵際で汗をかいている日々で、いかにいちばんいいかを堪能していたわけではないような気がします。

コーチングではよく「リソース」という言葉を使います。Resourceとは、直訳すれば「資源」という意味ですが、コーチングでいうリソースとは、その人が人生の目標を達成するために有効に使えるものすべてを指します。

どんなものがあるのかリストアップしてみると、

・過去にしてきた成功体験。成功とは言えないような体験でも、目標を達成するために役立つ体験はすべてリソースと言えます。
・家族、友人、知人のネットワーク
・身につけてきた知識や技術、技能

など（もちろん、持っているお金やモノもリソースです）。リソースがたくさん発見できていけば、目標に向けてより早く、着実に進んで行くことができます。

その人にどのようなリソースがあるのかをコーチングの中で聞いていく作業は、お互いに生き生きする瞬間です。使えるものが見つかってうれしいという感覚だけではなく、2人でリソースを発見していく過程そのものに楽しさがあるのを感じます。

最近、今この瞬間に味わっていること、今この瞬間にしている体験の中にたくさんのリソースがあるのではないかと思うようになりました。この瞬間に味わっている現実の中に素晴らしさを見つけ出せたら、そのときどきに小さなことを喜べたら、力強く未来に向かっていけそうな気がします。

今、日常の中にある宝物

1993、4年ごろ、SET（スーパーエキセントリックシアターズ）の劇を何度か観に行きました。その中でよく思い出す舞台の一場面があります。

ある女性がもう私の主人なんてどうなってもいいわと騒いでいます。

「そうよ、あの人なんて最低よ。

ドアなんて開けっ放しでトイレに入るし、

お漬物の味もみないで醬油をかけるし、

ほんとにあの人なんて、最低なのよ！」

彼女の後ろには、あまり気の利かないオカマが立っているのですが、そのオカマがポツリと言うんです。

「ねえ、それが愛しているってことなんじゃないの」

えっ、と小さい声を洩らして振り向いた瞬間、彼女は別の人物に「バキュン！」と撃たれてしまいます。

全体のストーリーはまったく覚えていないのですが、このシーンだけは今この瞬間も、ありありと思い出すことができます。

その女性が、ご主人のことをよく見ていたこと。関心があって、何をやっているかよく見ていて、気になっていて、でも、ときどきイヤになっちゃうこと。でも、またよく見ちゃうこと。そういう日常を「それが愛しているってことなんじゃないの」って言われたなら、そうかもしれない。いろいろなことを思いながらもイヤになっちゃうぐらい近くにい続けること……それを愛と呼ぶのかもしれない。

子どもとの日々も、どこかワリに合わない感じを持ちながらも、どっぷりとその中にいて、実はその日々は、過ぎてしまった人から見たら輝きに満ちたものなのかもしれません。

「今の子ども」を味わう

子どもを育てているときには、必ず何がしかの課題があります。
――いつになったらおむつが取れるんだろう。
いつになったら言葉がしゃべれるようになるんだろう。
いつになったら「笹の葉」を「たたのは」って言わなくなるんだろう
（娘はこれをお友だちによく指摘されていました）。
いつになったらカタカナのツとシを間違えずに書けるようになるんだろう。
いつになったらクラス便りに採用されるような文章を書けるようになるんだろう。

常に次のことを考えて、まわりもちょっと見回して比較して、これでいいんだろうかと思っているような気がします。あんまり気にしないようにはしているけれど、心のどこかで「これでいいんだろうか」とチェックせざるを得ないような自分がいます。
自分自身も、先のことを考えて、いつも何かの準備をして、いつも何かに追われながら逃げ切ろうとしていた、そんな学生時代だったからかもしれません。

でも、おむつや言葉、笹の葉の発音も、いつの間にかあっけないほどカラリとクリアされているのに気がつきます。だったら、それらを気にしているさなかに、もっと楽しんでもよかったのかなと思います。今ここにある子どもの言い間違いや書き間違い、こだわりや頑固さ、飽きっぽさ、頼りなさ、いい加減さ、いろんな幼さや拙さを、楽しんだり、ちょっと余裕を持って味わったりすることができたら、子育てはもっともっと楽しいものかもしれません。

『母の友』（福音館書店）だったと思うのですが、ある読者の方が投稿した記事を思い出します。小学校の中学年になっていたお子さんが、ある朝、「めやに」のことを「めやぎ」と言い間違えました。投稿したお母さんは、「もしかしたら、これがこの子の最後の言い間違えなのかもしれない」と思ったら、もったいなくて訂正する気にならず、その言い間違いを大切に味わった、という内容のものでした。

夏の楽しみの一つに夏祭りがあります。地域の夏祭りだけではなく、企業が工場内の広い庭を開放してやってくれる夏祭りにも足を伸ばしています。何組かのお友だちと行くと親はおしゃべりができ、子どもは500円持たせればいくらでも遊んでいます。その日は、首から下げられるペンライト風の光るおもちゃが100円で、いっしょに行った6人そろって手に入れていました。遊んでいる途中で娘のおもちゃの紐が切れました。きつく結び直して首からかけるときに、なんの気なしに「はい、ちはるちゃん金メダルです」と言ってみました。とたんに顔が上を向いて予想もしない「えへへ顔」になりました。

隣りにいた娘のお友だちも「やってやって！」とせがんできたので、今度は少しうやうやしく「はい、Nちゃん金メダルです」とかけてみました。Nちゃんもえへへへへと笑っています。

娘とNちゃんは1列になって勢いよく手を振りながら、自分たちのレジャーシートに向かって歩いていきました。私もなんだかひとりでに顔がにやにやしてきて、夜の芝生のやわらかさを足の下に感じながらゆっくり歩いていきました。

オリンピックの金メダルに素直に感動する気持ちを、その夏は味わいました。と同時に、子どもとの日常の暮らしの中にも、金メダルはあるんだと思いました。

こちらが出し惜しみをしたり、比較をしたり、ほめる理由にこだわったりしなければ、今この瞬間に金メダルはざくざくあって、じゃらじゃらあって、いつでもそれを首にかけてやれるのだと思いました。

コーチングポイント

コーチに欠かせない能力は、「今、この瞬間を楽しめること」。

PART

4

自分の内側に力強さが生まれるスキル

CHAPTER

01

「軸」を持って関わる

N先生の「軸」

経営者の方のコーチングをしているときに「今、どういう決断をするべきか」が話題に上るときがあります。その際、「経営者として意思決定するときの『軸』はなんでしょうか」と伺っていく流れになることがあります。

軸とは、「どんなときでもお客さまを第一に考える」とか、「社員一人ひとりを一流のビジネスマンに育てる」など、経営者の方によってさまざまですが、軸がはっきりすることによって、その方の決断は早くなり、お客さまや社員への関わりに力強さが生まれてくるようです。

軸とは、「日々、自分はどういう目的を持ってその人と関わるのか」を明らかにすることでもあります。

Nさんとは、彼女が30代前半だったころに最初のコーチング依頼を受けました。当時Nさんは、一般企業で忙しいOLとして仕事をしていました。そのNさんのコーチングの目標は、「大学の卒業論文を仕上げる」というものでした。高校3年生のとき、お家の事情で国公立大学のみ受験して合格が得られなかった彼女は、そのまま就職しました。企業でキャリアを積みながら、「学校の先生になりたい」という夢を断ちがたく、都内の大学の通信教育部に通い始めました。

彼女は持ち前の粘り強さで一つひとつの単位を自分で積み重ねていきましたが、論文を書くに当たって、タイムマネジメントや論文の構想を練るために、コーチを求めたのです。

月末になると残業が多く、平日の夜は勉強の時間は取れなくなります。土日に図書館にこもって少しずつ書きためて完成させた卒業論文は、優秀作として大学内に貼られました。Nさんは、通信教育部の総代として卒業式を終えたことを報告してくれ、コーチングは終了しました。

それから数年したある日、またコーチング依頼のメールが入ったのです。

彼女は39歳になっていました。やはりどうしても学校の先生になりたいと思い、会社を辞め、養護学校で働きながら中学校の国語教師を目指して二度教員採用試験にトライしていました。そして今年は、希望する市の教員採用の年齢制限最後の年だというのです。そのうえ、彼女はさらに大きな決断をしていました。中学ではなく小学校の教員になりたい、新たに小学校の教員として必要な単位を取り直しながらの、教員採用試験チャレンジです。

養護学校で働きながら、またもや時間との格闘が始まりました。必要な単位を取るためのレポート提出と試験勉強は、数年前に彼女の中で蓄積された時間配分、勉強法の熟練があり、確実にこなされていきました。

39歳の女性というハンディを乗り越えるため、教員採用試験の面接で、何を自分の強みとしてアピールするかを2人で何度も話し合いました。

「私は本当に人と関わることが好きだ。ＯＬ時代も学生に対する就職カウンセリングのボランティアをやってきた。そして関わった人が就職してからも、定期的にその人のサポートをしてきた。私は人がいちばんなりたい職業に就くことを心から応援できる。小学生にも、将来、本当になりたい仕事を見つけてもらうための下地になるような関わりがきっとできると思う」

彼女自身がこの言葉を発しているとき、彼女の中には、面接に向かうことがすでに喜びであり、なんの恐れも感じていない力強さが生まれていました。

「私は人と関わり続けていく」

「私は人がなりたい仕事を見つける手助けをする」

という「軸」が彼女の中に息づいているのを感じました。

オルガンの実技テストでちょっと間違えたり、倒立前転の実技はちょっとぶざまだったりしたそうですが、彼女曰く「自分でも100点をあげたい」模擬授業の成功もあり、見事教員採用試験に合格しました。2人で打ちあげのランチをして、このたびのコーチングも終了しました。

関わりを切らない

そんな彼女から「近くに来たのでお茶しませんか」という電話をもらったのは、彼女が教師として働きはじめて2ヵ月ほどたったときでした。新任教師としての赴任先では、5年生の担任を持つことになったという報告だけは受けていましたが、どんな毎日なのかを、コーチとしてではなく、小学生を持つ母親として、そして彼女の友人の一人として聞いてみたい！と思いました。

彼女が受け持ったクラスは、実はたいへんなクラスだったそうです。男の子の何人かには、初日から、うるさいなあ、という印象を受けましたが、とくにその中の一人P君は、常に授業中に大きな声でしゃべる生徒でした。あとから知ったそうですが、

P君は4年生の3学期はほとんど教室の外に出てしまい、廊下をふらふらして過ごしていたそうです。4年時の担任の先生は、つい最近になって、自分自身もつらかったことをNさんに明かしたのだそうです。

4月の新学期開始当初は教室内で騒ぐだけだった彼でしたが、4月の終わりのある日、ついにクラスを飛び出してしまったそうです。たまたま給食準備の時間だったので、「あとは頼むよ!」と生徒にひと声かけた彼女はP君を追いかけました。

必死に追いついた彼女は廊下の一隅でP君をぎゅうっと羽交い絞めに抱きしめました。そして、「絶対に離さないからね。守るからね。1年間、ずっといっしょだよ。大好きだからね!」と、満身の力で抱きしめながら言いました。夢中でそうしていました。

「大好きだからね」と言った瞬間、今まで腕から逃げようともがいていたP君の力が抜けて真正面からN先生の顔をしっかり見たそうです。

P君はその後、無断で出てしまうことはなくなりました。どうしても出たいときは「先生、おれもうだめだ。ちょっと出てくる」と断ります。

「わかった、3分で戻っておいで」とN先生。

「うん」と言って廊下に出て、本当に3分すると戻ってくるそうです。

私と会った前の日は、N先生の研究授業があり、教頭先生はじめ、多くの先生がN先生の授業を観る日でした。

5年3組は、朝から例によって騒がしさに拍車がかかっていました。

「ねえ、研究授業で失敗したら、先生クビになっちゃうんでしょう?」なんて声をかけてくる生徒もいます。運動会の練習に追われて大好きなサッカーができなくなっているP君の教室内のおしゃべりも、とどまるところを知りません。常に先生の授業にチャチャを入れている状態でした。

N先生は思い余ってP君のそばに行き、ほっぺたを両手ではさんで「ねえ、ちょっと黙ってて」と言いました。「うわあ、殺される!」と騒ぐP君に、「殺すわけないじゃない、あんたのこと大好きなんだから」と言ったとたん、ついに生徒の前で涙がこぼれてしまいました。

そのあとは、シーンとしたクラスに向かって、「ねえみんな、どうしたらいい？」と問いかけることが精いっぱいだったそうです。

一瞬の間を置いて、子どもたちが自分の意見を言い始めました。

「何とかしようよ」

「こそこそおしゃべりしている人もいるし、こっそり本を見ている人もいる。P君だけのことじゃなくて、みんなのことだよ」

「本当はもっと静かなクラスで勉強したい」

そこで、「静かにするための席替え」を提案すると、生徒たちが全員で支持してくれました。

「男子同士で並ぶとうるさくなるから、男子と女子で並ぼうよ」

「お見合い形式がいい」

具体的にはすべて生徒たちが決めて、生徒たちの工夫のもとに新しい並び方が誕生しました。

そして、その日の最後がN先生の研究授業でした。

教頭先生はじめ、多くの先生が居並ぶ中、生徒たちは別人のように静かに授業を受けてくれたそうです。そしてあのP君は、黒板に書かれた算数の式を静かにノートに書いていました。

「先生が指すと『はい！』と返事をする」「Pさんはじめ全員がノートをとっている」、この2点を教頭先生が驚きをもって認めてくれたことを、ちょっと痩せたN先生は照れくさそうに話してくれました。

生徒は見ているのかもしれません。誰が自分たちとの関わりを切ってしまうのか。そして、誰が自分たちとの関わりを切らないと決めているのかを。彼女の「関わりを切らない」と決めている姿勢に生徒たちが応えてくれたのだと私には思えました。


自分を顧みると、自分の子どもだから関わりは切れないと頭では思っていますが、ときに自分の心の中で切りたくなってしまうことがあるのに気づきます。「じゃ、好きにすれば」「もういいよ、でも失敗したって知らないからね」、こんな言葉を吐くときには、自分の粘りのなさをちょっと恥じてみてもいいのかもしれません。

私の母親としての「軸」を言葉にできる日がきたらいいなと思います。

コーチングポイント

次のような問いかけは、自分の軸を明らかにする助けになります。

- 子どもを常に○○するのが自分の役割だ。
- 子どもに○○な人と思われたい。○○な人とは思われたくない。
- 私が憧れるお父さん像、あるいはお母さん像は○○で、それは彼・彼女がいつも○○しているからである。
- 私の、親としての軸は○○である。

CHAPTER

02

二分化について理解し、二分化から自由になる

二分化とは何か

コーチングを学ぶ中で、人との関わりの中で起こる「二分化」について知りました（「二極化」という言い方もしますが、ここでは「二分化」という表現をしたいと思います）。

二分化というのは文字どおり、何でも2つに分けるということを指します。

上／下、正しい／間違っている、得／損、味方／敵、勝ち組／負け組、光／影、優／劣、美／醜、等々、きりがありません。

人は、自分と出会った対象を瞬時のうちに二分化して捉え、どちらかの組のレッテルを貼る、という働きがあるようです。

子どもが6歳のころ、地域の秋祭りの古本マーケットで、『ヤンボウ　ニンボウ　トンボウ』を買いました。今から20年以上も前に発刊された本でしたが、そのときすでにリバイバルでした。

私自身も記憶のはるかかなた、兄たちのお古のえんじ色の本を母に何度も読んでもらった覚えがあります。3匹の白いサルの兄弟が、さまざまな冒険をかいくぐって両親に会いに行く物語です。全編が旅なので、次々にいろいろな登場人物が出てきます。登場人物といっても、キツネだったりカメだったりサメだったり子ジカだったりするのですが、悪者に騙されてひどい目にあったり、親切な人に危ないところを助けられたりしてお話が進みます。

最初はおとなしく聞いていた娘はほどなく何度も同じ質問をするようになりました。新しい登場人物が出てくるたびに、「ママ、このカメって、いいひとなの？」。「さあねー」とむずかしい顔をしてみると、とりあえず黙ります。また新しいメンバーが出てくると、「ママ、このサメっていいひとなの？」と聞きます。「もうちょっと読んだら分かるかもねー」と言うとまた黙ります。

私たちは何か新しい対象に出くわしたときに、それを2つのうちのどちらかに分けて捉えたいという感覚があるようです。そのほうが安心できるような、ちょっとした安全を確保できるような気がするのかもしれません。そして、新しい対象だけでなく、自分を取り巻く人たちの言動や、自分の言動まで、どちらかに分けて捉えていくという働きがあるようです。

これはもとをたどれば太古から私たちのシステムに組み込まれている「ストレス反応」なのだそうです。原始人は、常に命が危険にさらされるような状況にあったのでしょう。突然藪から飛び出してきたのがオオカミなのかウサギなのか、とっさに判断し対処しなければなりません。

自分のまわりのものを瞬時に2つに分ける、そして同じく瞬時にレッテルを貼る（今の例だと「危険な相手／危険ではない相手」）、そういう判断を常に繰り返して正確な対応を選び取れることが、生き延びていく条件だったと言えるのでしょう。

『ヤンボウ　ニンボウ　トンボウ』が最後の冒険を残して自分の生まれた国に着いたとき、そこまで送ってくれたのはゾウの一団でした。

「このゾウさんたち、いい人だったんだねえ」と話しかけると、娘は我が意を得たりとばかりに、「ふん」とうなずきました。

二分化の働き――「私のせいだ」

子どもが小食だと食事のマナーについて甘くなる、というのは私だけの持論でしょうか。

とにかく食べりゃあいい、ある程度の量を食べさせたくて、食事時間を長くとる習慣が今でもあります。

ある日、食事の合間に娘がごそごそイスを移動させ始めました。私のイスと自分のイスをくっつけてベンチのようにしようと思っているみたいです。娘に言われてイスに座ったまま、イスの後ろ足を上げて移動させ、よっこらしょとイスの後ろ足を着地させました。

そのとたん娘が「いたぃっ！」と叫びました。尋常ではない叫びです。私は58キロの体の乗ったイスで娘の足の指を思いっ切り踏んづけてしまったのです。真っ赤な顔をしてぽろぽろと涙を流す娘に、いても立ってもいられなくなりました。

あわてて靴下を脱がせると小指のつけ根のあたりが赤くなっています。指はどうやら動くので、骨を砕いてしまったということではなさそうです。「大事には至らなそうだ」と思った瞬間、私は娘を責め始めました。

「だからいつも言ってるでしょう、ご飯中に遊ぶなって」

「イスをこうやると危ないって、前にもママ何度も言ったよっ」

「大体ここに足を置いといたら、こうなるのは分かってるでしょう」

「まったく……」

と言葉がつまったところで娘はこう言いました。

「ちはる、ママのせいだ、なんていってないよ」

涙をさらにあふれさせ、顔をさらに真っ赤にして、しゃくりあげる合間に必死に声を絞って言っています。

足も痛いのに私から責められ、なおも、こう言ってくる娘に頭を殴られた思いがしました。

そうです。私は娘の泣き顔を見て、「ママのせいだ」と言われているような気がしていたのです。そして、自分が明らかに娘の足を痛めたことが、自分の不注意で痛い思いをさせていることがつらくて、とてもそこにいたたまれなかったのです。

「おまえのせいだ」と相手に言われる前に、そして自分の内側で「私のせいだ」と言う声がこれ以上大きくなる前に、ひたすら娘のことを責めていたのです。

二分化のはたらき──「私だけが悪いんじゃない」

「自分が悪い」と明らかに思えるとき、その瞬間に踏みとどまって目を開き、自分のやっていることをつぶさに観ることができたら、自分の言っていることを、耳を開いて最初から最後まで聞くことができたら、同じ間違いをする回数はおそらく減るのではないかと思われます。

ところが、私はなかなかそこに踏みとどまることができません。とっさに「私だけが悪いんじゃない」「だって仕方がなかった」という立場になんとか行こうとします。

相手が子どもだとなおのことです。なんとか相手を怒ってしまえば格好がつきます。そして子どもはもともと大人から見ればどこかとんちんかんなことをしているので、いくらでも突っ込めるのです。

娘のひとことで救われて、「ああ、そうだよね。ごめんね。痛かったよね。ごめんね」と素直に言うことができました。娘がこう言わなかったら、自分のしていることのからくりにも無自覚なまま、さらに居丈高に責めていたかもしれません。私はよくこうなります。

まだ子どものいないころ、あるとても素敵なお母さんに出会いました。理知的でセンスがよくて「こんなお母さんになりたいな」と素直に思える方です。その彼女が苦笑いしながら言ったことがあります。「私ね、昨日息子に言われたの。お母さんは死んでも『私が悪かった』って言わない人だね」って。そこにいたメンバーは心から笑いました。子どものいる人たちは、なぜかうなずきながら。

二分化から自由になる――「私は裁判官ではありまへん」

二分化の働きは、いろんなものに、「いい／悪い」のレッテルを貼っていきます。「自分が悪い」とひとたび思うと、なんとかそこから抜けようとするのですが、「相手が悪い」と思うと、なかなかその考えを捨て去ることはむずかしいようです。「○○ちゃんに叩かれた」なんて聞くと、相手の子どもとさらにそのお母さんにまで、さまざまなレッテル、評価、解釈を心の中で貼ってしまいます。そして、ひとたび貼ってしまうと、その解釈は（単に自分の色眼鏡かもしれないのですが）、まるで真実であるかのように力を持ってしまうようです。もちろん、そうせざるを得ない苦しさ、悲しさが自分の中にあったから、なのですが。

人は、レッテルを貼らずにはいられない、なんらかの評価や解釈をし続けなければいられないもののようです。

ここまで書いてみると、まるでレッテルを貼ることが、評価や解釈をすることがいけないこと・悪いこと、のように思えてきます。これが二分化の働きで、今まさに、「レッテル貼るなんて悪い」と、「いい／悪い」に分けているのです。どこまでいっても、自分や他者の言動にレッテルを貼る行為は続いていきます。

前述の、コーチ・エィ創業者・伊藤守氏は、コーチングのときに、一つだけ心に祈ることがあるのだそうです。それは、

「私は裁判官ではありません」あ、違う、「私は裁判官ではありまへん」というものです（教えてくれたとき、確かに語尾は「ありまへん」でした）。

コーチは判断を下す人ではない、判断はその人に任されている。もっと深く突っ込

んで考えれば、「判断は事実に任されている（判断はとりあえず脇に置いて、もうちょっと事実をじっくり見てみようよ）」という、コーチとしてのスタンスを感じます。

私はこの言葉を、伊藤さんが「祈り」として紹介してくれたことにとても興味を覚えました。コーチとしての「スタンス」でも、「ポリシー」でも、「あり方」でもなく、「祈り」であることに敬意を払いました。

私たちは自分や他人に対して常に裁判官をやっている、それはやめようったってやめられない。だから「祈り」なんだと思いました。そういう働きを内在させている人間だからこそ、あとは「祈る」しかないという伊藤さんの姿勢に、深い謙虚さを感じます。

コーチングポイント

もし、目の前のできごとや、目の前の人や、自分自身にレッテルを貼りたくなったら、「いい」「悪い」のどちらかではなく、100個のレッテル、100通りの解釈を考える。

CHAPTER

03

思い切って、一体感を味わう

ただ感謝する

子どもを授かったおかげで、ふと「二分化」から自由になる時間をプレゼントされるときがあります。私の場合、それは「ただ感謝する」とか「お礼以外に何も言えない」とかの言葉で表現できる状況です。

娘が2、3歳のころ、外出するといろんなできごとが起きました。駅ビルのスタンドジュース屋でバナナジュースを飲ませます。最後に、娘が飲み残した沈殿物をもったいないと思ってひとすすりし、次に行く地階のスーパーを思い描きながら、私の手はなんの気なしに、そのプラスチックカップをごみ箱に投げ込みます。とたんにライオンの子がウォーと吠えるような泣き声がして、娘は口をゆがめ、地団駄を踏んでいます。

「ちいちゃんが、いれるのお、ちいちゃんがあ、ぽいってするのおおっ」

自分がプラスチックカップをごみ箱に捨てたかったのです。あいにく捨て口は小さい扉を押して捨て、あとはパタッとしまるタイプのごみ箱です。手を突っ込んでも下に落ちたカップまでは届きません。

「じゃあ、今度必ず捨てさせてあげるね」と言って、「やだあーっ」と叫びながらごみ箱を叩こうとする手を押さえようとしたき、カウンターの中でしゃがんでいた店員さんがふいに頭を上げて、「あの、これですか?」と一つのプラスチックカップを手渡してくれました。確かにバナナジュースのミルク色の水滴がいくつか中に残り、娘の選んだ青色のストライプのストローが刺さっています。

そのお兄さんは騒ぎを聞いてカウンターの内側からごみ箱をあらため、いちばん上に落ちていたそれを拾ってくれたのでした。決して愛想のよい人ではありません。痩せ型で、今風で、ぼそぼそっとした声で、渡してくれました。娘はそれを受け取るとピタリと黙り、おもむろにゴミ箱の扉を押し、カップを下に落としました。カサッという音を最後まで聞くと扉を閉め、何ごともなかったかのように歩き出しました。

「すみませんでした。ありがとうございました」と言って頭を下げると、お兄さんは少しだけ頬を動かして、仕事に戻りました。

その控えめな笑顔にただただ感謝の念がわいてきました。ただお礼を言うだけしかできず、ただありがたいと思うしかできないのですが、それまではあまりこんな感じは味わってこなかったなと思います。

人一倍、迷惑をかけないよう、後ろ指を指されないよう、いろんなところでフォローして、人間関係を保ってきました。ただ謝るだけ、ただお礼を言うだけ、という状況は、あまり作らないようにしてきました。

昔見た『29歳のクリスマス』（1994年、フジテレビ）という山口智子さん主演のドラマに出てきたフレーズを思い出します。自分の父親のことで、裕福な恋人の両親の世話を甘んじて受けなければならなくなった主人公がこうつぶやくのです。

「一人だったら、どんなハードルだって越えてみせるのに」

一人だったらこんな不義理はしないのに。一人だったらこんな格好悪いままで去っていくことはしないのに。一人だったら……私、もっとましな社会人なんです、きっと！　とメガホン持って言いたくなるときがたくさんありました。

でも、子どもにしてくれた行為へのありがたさが、そんなこだわりをだだあっと押し流していきます。ただ感謝して、それで別れる。そういう体験を何度も何度も繰り返していくのが、小さい子どもを育てる日々でした。

まだ赤ん坊のころ、地下鉄の中で泣き叫ぶのを見て、すいた車内を遠くからあやしに来てくれた3人の子連れのお母さん、本当にありがとうございました。ハンカチで即興にねずみを作ってくれたんだよね、いちばん上のお姉ちゃん。お姉ちゃんのねずみで足を触ってもらったら、ちょっと泣きやんだよね。

公園のすべり台の上からしつこく手を振る娘に、何度も何度も手を振り返してくれたベンチのカップル、あのときはありがとう。すごく若かったけど、お似合いの2人だったね。

再度、お礼を言う

私の住んでいる団地にはたくさんの小学生がいて、娘が2歳ごろ、会うとたまにかまってくれる男の子がいました。髪の毛が硬いのでしょうか、おでこの上にひさしのように出ていて、なかなかのハンサムなお兄ちゃんです。小学校2、3年生でしょうか、名前も住んでいる棟も分かりません。

お菓子のおまけのような小物をポケットから出して、「これやるよ」とくれたりします。友だちと歩いていても、ちょっと離れて娘のところに来て、また友だちのところに戻ります。娘が手に持っていた葉っぱをあげようとすると、「いらねえよ、いらないよ、いいんだよ、持ってて」なんて言っています。

そのうちに会っても声をかけてこなくなり、だんだん会うこともなくなってしまいました。

小学校の運動会の昼下がり、多くの父兄が行き交う中、私の前を中学の制服を着た背の高い少年が走り過ぎて行きました。あのひさしです。ひさしの頭はまったく変わらず、紛れもなくあのお兄ちゃんでした。ああもう中学生だったんだね、忘れているかもしれないけれど、ちはると遊んでくれてありがとう。そう思うと、改めて旗がひらめく晴れた空に感謝しました。

コーチングポイント

「あの人が私にしてくれた」「私があの人にしてあげた」にこだわると、二分化のスイッチが入ります。

成果を出しているクライアントとコーチ、また、組織の中の強いチームは、しばしば「私たち」という感覚を持っています。「私たちの一員」が「私たちの一員」に関わっている、「私たち」が成功する、と考えたらどうでしょう。

「私たち」という言葉は、二分化から抜け出すキーワードです。

「コーチが答えを持っていることもあれば、クライアントが答えを持っていることもある。答えがどこにあるかは重要ではありません」

コーチの先駆者・トマス・レナードの言葉より

CHAPTER 04

事実を伝える そして味方でいる

心が「壁」になる瞬間

娘は3歳ごろからおもちゃのピアノでよく遊んでいましたが、手首をやたらに上下して弾く癖があります。6歳、7歳と大手楽器メーカーの音楽教室に通っていましたが、そのときにもよく「手首を動かさないように」と注意を受けました。2年間で何度も何度も注意を受け、私もときどき家で直すように伝えるのですが、あまり直りません。

ピアノを弾く手首に関してはそれほどこだわりがないのですが、友だちに不義理をした（と私には見える）ようなことがあったりすると、こんこんと責めてしまいます。子どもに怒って後味が悪いなと思うのは、自分が壁のようになって「それはだめ！」と執拗に責めてしまったときです。

夜8時ごろマンションの上の階に住むAちゃんから電話がありました。2歳ごろからよく行き来していて、今は小学校でも同じクラスです。連絡帳に明日の時間割を書けなかったから教えてほしい、というものでした。

電話の子機を娘に渡しながらその件を伝えると、「ちはるだってかいてないよ！せんせいがはやくいうから、かけなかったんだよー！」。なんだか大げさに騒ぎます。「じゃあそう言えばいいでしょう」と言ってTシャツのお腹に子機を押しつけました。しばしの間、ぼそぼそした声が聞こえたかと思うと、「Aちゃんのこえがちいさくて、わけわかんないからきった」と言って、ぶっきらぼうに子機を返してきました。

気持ちがざわざわして娘の連絡帳を自分で探してページをめくると、きちんと明日の時間割が書かれています。3時間目だけ聞き取れなかったのでしょう、○が3つ、○○○と並んでいました。

「ちゃんと書けているじゃない、どうして教えなかったの」と聞くと、「だってじしんなかったんだもん、ちはるだって、てきとうにかいたんだもん」と怒った口調で言います。

「もう一度電話をかけて伝えなさい」「いやだ」「伝えなさい」「いやだ」とやっているうちに、また電話が鳴りました。Aちゃんのお母さんからでした。

「2人とも黙っていたら電話が切れちゃった、と言って泣き出したんです。きっとうちの子の言葉が足りなかったのでしょう。お礼はちゃんと伝えなさいと言ってもう一度かけさせました」とのことでした。しぶしぶ電話に出たちはるに、Aちゃんはありがとうと言ってくれたそうです。書いてある時間割を私から伝えようとしたところ、すでに違うお友だちに聞いて分かった、とのことでした。

ああ、なんて不義理。3時間目だけ分からないけど、あとは多分これだよ、と教えてあげたらいいのに。自分の子どもと私自身の拙さがクローズアップして感じられます。

こういうときに、心が壁化するスイッチが入ります。

「Aちゃんは、ちはるが勝手に電話切ったから泣いちゃったんだよ」

「どうして連絡帳書いてないなんてウソつくの！」

「そんなことじゃお友だちに嫌われちゃうよ」

「そんなことじゃあ、この先やっていけないよ」

勢いがついて、もう壁から繰り出す言葉はとまりません。

ついに娘は目のふちを赤くしていました。でも、私には何も言いません。文字どおり、壁のように立ちはだかった私の姿は、何も受けつけないように娘には見えていたのだと思います。

事実の壁

そのころには夫もちょうど帰ってきていました。夜遅くになってポツリと、「あいつって、ときどき頑固になるよね」と思い出したように言います。そうだね、なんでだろう、と、さっきのことを思いめぐらしてみました。

娘としたら、その日のメモには自信がない。日ごろ正確できちんとしているAちゃんに、いい加減なメモを伝えるのがどうしてもはばかられたようです。それから、ずっと昔、Aちゃんがつくった芸術的な積み木を私がほめると、足で壊そうとしていた娘の姿もふと思い出しました。

「気持ちはわかるけど、その行動はよくない」

「今はこっちの行動をとるべきだよ」

それを自分がどう伝えたらいいのだろうと考えていたら、ふと「壁」という単語をきっかけに、『育てるものの目』(婦人之友社)にあった記述を思い出しました。職員室にあった栓のさびたカルピスを開けてとねだって30分泣く子どもに、それはできないと伝えたときの津守さんの体験談とともに書かれています。

「子どもの欲求を、どうしても受け入れることができないとき、大人は緊張し、心が硬くなる。子どもの前に立ちはだかる壁のようになっている自分に気づく。しかし、私は壁ではない。どうしてもできない、という事実の壁の前で、それをどうやって受け入れようか混乱している子の支え手である。こんな当たり前のことに立ち戻るのにも努力がいる」

それはできない、それはよくない、という事実の壁はある。子どもはその壁の手前でじたばたしている。事実の壁の上に私が乗ってさらに壁を高くするのか、壁の手前にいる子どもの隣りにいるのか。

「そうだね、そんな気持ちだったんだね、でも今はそれはできないよね」。そんな言葉とともに、希望を持ち続けながら子どものそばいる——少なくともそれは自分で選べることなのだと思いました。

事実の伝え方

コーチは一見、何でも受けとめ、受容しているように見えますが、実際のクライアントの方との関わりでは、事実をはっきりお伝えする局面が多々あります。

スタッフに向けての会議や朝礼でのプレゼンテーションをチェックしてほしいという依頼を受けたときなどは、次のような2つの切り口から事実をお伝えします。

目に見える、耳に聞こえる事実
それを見て聞いて、私の中に起こった事実

たとえばこんなふうです。

「話しているときに、肩が左右に揺れていました」

「今後の方針を話す言葉が一本調子で、頭の上を通り過ぎて行きました」

「新しい組織図の発表の部分だけは、視線が細かく動いて語尾が小さくなっていました。その部分には、確信が感じられませんでした」

忠告や批判は受け取りにくいものですが、正直に事実を伝えている限り、人はそれに耳を傾けてくれます。そして、事実を伝えることによって、さらにクライアントの方との距離が近くなり、文字どおり伴走者として横を走っている自分を感じます。

かなえたい目標を持っている人は、自ら進んで事実を検証していこうという姿勢を持ちます。子どもにとって事実を受けとめることはむずかしいように思えますが、大人の伝え方によって受けとめやすくすることはできるのだと思います。

P93でも紹介した新しく習い始めたピアノの先生は、ちはるの手首を見ると、「ねえ、ちはるちゃん、これ見て」と歩くもの真似を始めました。

「先生はまっすぐ歩きたいのよ。でもさ（と足腰をぐらぐらさせて）、こおんなにい、足があ、ぐらぐらしたらあ、かっこよくう、歩けないでしょおお」。娘はげらげら笑っています。「だからね、手首がぐらぐらすると、やっぱりうまく弾けないのよ」

先生は、娘の受け取りやすい形ではっきりと事実を伝えてくれます。

「でもね、先生が毎回、ちはるちゃん手首ぐらぐらさせないでって言っていたら先生も疲れるし、ちはるちゃんもいやになっちゃうと思うの。だから、ちはるちゃんの中に『ちはる先生』を育ててほしいの。そしてときどき、ちはる先生が『ふむふむ、手首はだいじょうぶかな』って見るようにしてほしいのよ。ねえ、先生のお願い分かる?」

娘はにやにやしながら、首を縦に振りました。


先生は、どんなときでも自分が壁にはならず、娘の隣りにいると決めているように見えます。そして、さらに娘の中に事実を検証する目を作ってくれました。

それから何回か先生は、敬意をこめたトーンで「ねえ、ちはる先生は見てくれている?」と聞きました。娘は、まあね、なんて答えていました。いつの間にか手首はほとんど直っているようです。

コーチングポイント

「事実を伝えること」と、「批判」「忠告」「強制」「評価」は違います。

学びの基本は辞書を引くこと。

CHAPTER 05

すべての感情を味わうと決める

自分の気持ちと向かい合う勇気

仕事柄、会社の経営者の方からお話を伺う機会が多いのですが、経営者の方をすごい、と思うことがよくあります。

まわりの人たちへの気配りとか、先を見る目とか、すごいと思うことはたくさんあるのですが、私がいちばんすごいと思うのは、「どんな気持ちになってもそれをちゃんと味わう」「すべての感情を味わう」と決めているように見えるところです。

成長を遂げているある会社の女性社長は、自分よりも年上の男性スタッフを何人も動かしています。スタッフの報告の仕方が的を射ていなければ、それをつき返し、もう一度出すように言い、会社の目指す方向を毎日自分から会議やメールで発信しています。そして、次から次へと決断を下しています。

コーチングの時間にお電話をいただくと、第一声が「今、つらいですよー」から始まるときもあります。ときには落胆し、孤独を味わいながらも、彼女はそこから逃げようとすることはありません。逃げられないところに自分を追い込んでいます。「ここにいることが自分を成長させる唯一の方法ですから」という彼女からは真剣勝負をしている人の喜びが伝わってきます。

B社長からは、1年間に数ヵ月、断続的にコーチングの依頼がきます。最初の依頼を受けたとき、B社長には決めかねていることがありました。会社はずっと黒字を出し続けている、いわゆる優良企業ですが、一つだけ赤字を出している小さな部門がありました。その部門だけほかの部門とは違う商品群を扱っており、確かに会社全体の中ではお荷物になっているようでした。社長はいつかはその分野から撤退したいと思いながら、決断し切れない気持ちを話していらっしゃいました。

私は、「その部門を存続させる理由・その部門を閉じる理由」をリストアップすることを提案しました。

その部門を存続させると仮定して、なぜ存続させるのか理由を100個書く。次に、その部門を閉じると仮定して、なぜ閉じるのか理由を100個書く。「どんなことでも頭に浮かんだことはすべて書いてみたらいかがでしょうか」とお伝えしたところ、「やってみましょう」とおっしゃいました。

B社長とは、2週間に1回、面談の形でコーチングを行っていました。次にお会いしたとき、イスに腰をかけるなり、1枚のレポート用紙を私の前に差し出しました。そしてひとこと、「あの部門は閉じることにしました」とはっきりおっしゃいました。

A4サイズのレポート用紙の裏表には、鉛筆でびっしりと「存続させる理由」「閉じる理由」が書かれていました。「あの部門は、僕が商売をスタートさせたときからあるんです。あの仕事から会社を興したんですよ。もしあの部門がなくなってしまったら格好がつかない、会社の中に自分がいる意味がなくなってしまうって、実は思っていたんです。薄々は気づいていたけれど、やはりそうでした」。そう語るB社長の顔は晴れ晴れとしていました。

人の勇気って、こういうものなのだろうと思いました。自分が持っている「感情」が会社の効率を下げているのであれば、どんなに認めたくない気持ちとも向かい合っていく、これが社長業なのだと思いました。社員を守っていく、人を守っていく立場にある人は、最終的に自分の気持ちと向かい合うことから逃げないのだ、ということを教えられました。

自分の気持ちを自覚する

そして、私たち母親も同じような勇気を求められているのだと思います。

「誰かを育てようと思ったら、自分を抑えることが必要だ」という文章が日経新聞のスポーツ欄に載っていました。正確な出典を思い出せないのですが、スポーツのコーチが選手を育成するときの自戒の言葉として紹介されていました。

自分を抑える、とは、自分の気持ちを自覚して味わい、それと折り合いをつけていくこと。無自覚なままに相手にぶつけていては人を育てていくことはできない、ということなのだと私は解釈しました。そういう力を本当に身につけたい、と思います。

娘の通う公立小学校は、6年生になると半分以上の生徒が私立中学の受験をします。先日、娘のお友だちのお母さんと立ち話をしていました。2年生と、私立中学に入学を果たした上のお子さんがいらっしゃいます。そのお母さんが、「今の2年生は、近所にお友だちがたくさんいていいわね。でも、みんながいっしょに受験するのかと思うと、6年生になったときはちょっとたいへんね……」とポツリと言いました。いつも生き生きしているそのお母さんの口調がちょっと重く、受験を乗り越えていく苦しさの本音が伝わってきました。

私も、もう何十年も前に中学受験をしました。本人はそれなりに楽しいこともありましたが、母親はさぞかし気を揉んでいたのだろうと思います。真冬の晴れた午後、中学校の校舎の陰で風をよけながら発表の紙が貼り出されるのを待ちました。数人のお友だちと、そのお母さんたちといっしょに待っている着物姿の母の顔の、深いクマが刻まれた表情を今でも覚えています。

子どもが中学を受験することになったら、先走る自分の理想や自分のプライドが傷つくことを恐れて、子どもにプレッシャーをかけてしまいそうです。

おろおろしながらも自分の正気を保って、ありのままの子どもを（ときには子どものお友だちをも）大切にしながら受験に備える日々を生きていくのと、亡霊や怪物と一発勝負で戦うのとどっちをとるかと言われれば（実際その場になってみないと分かりませんが）、後者のほうがラクかもしれないと思います。

たいへんなのはハリー・ポッターだけじゃない、母親だって、日々自分と向かい合っていく小さな勇気を必要とされているんだ、こっちのほうが地味でももっとすごいぞと言いたい気分です。

すべての感情を味わうと決める

「ナラティブセラピー」のカウンセラーである、ハーレーン・アンダーソンさんという方のお話を聞く機会がありました。もちろん、コーチングとカウンセリングははっきりと異なるものですが、コーチは「聞く」能力を学び続ける必要があります。

ハーレーンさんは、日本人のように小柄で華奢な方で、シンプルなセーターにパールのネックレスという清楚な装いでした。年齢は50歳代でしょうか。自然な笑顔でにこにこと、そしてときには真剣な目つきになって参加者の話をじっと聞き続けていらっしゃいました。

私の上司はハーレーンさんと昼食をともにしたそうです。上司がハーレーンさんと会話を交わしていたとき、話の流れで、「最近、そういうときに不安を感じるんですよ」と何気なく言ったそうです。するとハーレーンさんは、目をきらきらさせて身を乗り出し、「あなたの不安って、どういうの？　ぜひ知りたいわ。ぜひ聞かせてほしい」と言ったのだそうです。上司は、「もうそれだけで、なんだか『いい感じ』になっちゃってさ、自分でも、今感じている不安をいとおしく思えるような、そんな不思議な感じがしたんだよ」と話していました。

もしかしたらハーレーンさんの中では、喜びも、平穏も、不安も、恐れも、嫉妬も、憎しみもまったく同じように並んでいて、一つひとつの思いが同じように大切にされているのかもしれない、と思いました。いい感じ、悪い感じ、と簡単に二分化しない強さをハーレーンさんに感じます。

私は、子どもが楽しかったことについて話をしてくるのならいくらでも聞けるけれど、不安について聞くのはちょっと疲れます。自分の中の不安を、自分で受けとめるのも苦手です。コーヒーをたくさん飲んだり、独りごとを言ったり、挙句の果てに夜中にチョコレートを食べたりしています。

「これが、自分の感じている不安なんだあ」といとおしく思える、そんな可能性があることを知っただけで驚きです。

さて、先ほどのB社長が真顔で「いい本です」と勧めてくださったのは、『モリー先生との火曜日』（NHK出版）という本でした。ある大学教授と、成人してジャーナリストとなった教え子との関わりを綴ったノンフィクションです。モリー先生が亡くなる前に、「感情を味わうことをこわがるな」と教え子に言う場面があります。

「愛でも、悲しみでも、苦痛でも、そういった感情と十分に、とことんつき合ってみるんだ。それらの感情をくまなく経験できたときに、初めてその感情から自分を引き離すことができる」

B社長が日々正当な決断をしようと努力していることと、この本のこの部分が無関係ではないように思えました。

コーチングポイント

これからの人生で味わうであろうすべての感情を、私は全部味わう、
と決める日。それが「素晴らしい日」。

＊これは、伊藤さんの言葉の中で、私が特に大切にしているもののひとつです。

PART

5

子どもから学ぶ

子どもによって自分が変わる

アテネオリンピックではメダルがありませんでしたが、柔道の井上康生選手（現・日本代表監督）を今も変わらずに応援している、という友人が何人もいます。私もその一人です。オリンピックの数ヵ月前、日経新聞のスポーツ欄に井上選手の生い立ちの記事が載りました。そこには、お父さんが語るこんなエピソードが書かれていました。

康生少年は10歳のころから中学生の練習に混ぜてもらっていました。練習中に、体重80キロのお父さんを背負って公園の156段の階段を5往復したことがあるそうです。中学生が次々とリタイアする中で、お父さんの制止も聞かずに、ただ一人この目標をやり遂げました。我が子の稀有な体力と精神力を目の当たりにしたお父さんは、好きだったマージャンとパチンコを断ち、息子との真剣勝負に身を投じることを決めたそうです。

井上康生選手のお父さんが子どものために自分の人生を変えたことが印象的に伝わってくる記事でした。マージャンとパチンコを一切断ったということは、お父さんにとって自分の娯楽をすべて放棄したということなのだと思いました。子もすごいけれど、親もすごいです。

子どもは親を変えていく。親は子どもによって人生を問われ、鍛えられ、より高いものに向かわざるを得なくなっていく。そして、井上選手親子ほど劇的で特別なものではなくても、子どもによって自分が変わっていくことは、どの家庭にも、どの親子にもあることではないかと思います。

親としての力がつくとき

大村祐子さんという、北海道でシュタイナー教育を実践していらっしゃる方のワークショップに何度も参加したことがあります（「優位感覚」でご紹介したバーバラさんのプログラムも大村さん主催でした）。ワークショップに参加したあとは、不思議と子どもをすごくかわいく感じてしまう、大村さんはそんな力を持った方です。あるワークショップで一人のお母さんが大村さんに質問しました。

「幼児が集まる会に行っても楽しく遊ぼうとしない。機嫌が悪くなってすぐ外に行きたがってしまう。こんなときはどうしたらいいのでしょうか？　私はほかのお母さんたちとも話したいし、部屋の中でおとなしく遊んでほしいと思うんです。ほかの子と比べて、自分の子のわがままさがいやになってしまうんです」

ああ、よく分かる、と思って質問を聞いていると、大村さんは実にさらりと、そしてにこにこと、

「そんなふうに子どものことをいやになっちゃうような場には、行かなければいいんじゃあないですか？」と言いました。集まったお母さんたちは苦笑、爆笑です。

「2歳ぐらいの子が外を歩きたがるのだったら、好きなことを十分させてあげてもいいですよね。2人でその場から出て、外をゆっくりお散歩したらどうですか？」

ああ、そうです。

私の場合、その部屋の中にいたいのは、みんなと同じことができている、という自分の安心がほしいから。その場から去るときにつらいのは、みんなと同じことがやれない自分を感じてしまうから。たくさん覚えがあります。まったく同じような状況で、

さみしく一人だけ輪の中から出てくることが何度もありました。でも、そんなときに、自分の「親としての力」がつくのかもしれないと思います。

自分のこだわりよりも、子どもが今望んでいることを適切に満たすこと、それを選び取っていくことで自分の親としての器が大きくなるような気がするのです。

質問したお母さんは、大村さんの言葉に芯からほっとしたような顔をしてうなずきました。

子どもから問われていること

娘が5歳のころ、家族3人で都心の公園に足を伸ばしたことがありました。たまには、しゃれたレストランに入りたいね、夕方早い時間だったら入れるかも、最近はちょっとおとなしくしてくれてるし、なんて夫と話しながら出かけました。

子どもは見慣れない遊具に夢中になり、予想を上回るハイペースで遊び続けます。早めに公園を出て、道に出るやいなや、「おにぎりが食べたい」と言い始めました。

疲れて歩くのもやっとの状態です。結局、近くのコンビニでおにぎりを買って、駅の中のコーヒーショップで食べさせました。私と主人は夕飯代わりにホットドッグを食べました。

あのときの不機嫌を絵に描いたような夫の顔と、外遊びで薄汚れて、喉がつまりそうな勢いでおにぎりをほおばる娘の顔は、切ないくらい大切な思い出になっています。あんな変なできごとが、ただの計画倒れの思い出が、なぜか今ではとてもいとおしい経験のように感じられます。

私の母が3人の子どもたちの思い出を話すときも、なぜか小さな瑣末なことばかりです。兄が幼いころ、夕暮れになって歯が痛いと言い出し、ねんねこばんてんでおぶって歯医者に連れて行ったら背中で眠ってしまった、あれはただおんぶしてほしかっただけだ、とか。私が幼稚園でぐずったので、園の門の前で日傘を差して半日しゃがんで待っていた、とか。そんな話をちょっと照れたように、うれしそうに話すのです。そのとき、母は自分の時間を私たちに差し出してくれていました。差し出す、なんて意識もせず、ただ夢中で。

子どもは、そういう機会をたくさん与えてくれます。今ここで何を選ぶのか、何に価値を置くのかを親に問うてきます。その問いに答えながら、ときには何かにこだわり、ときには何かをあきらめ、気がついたら自分の心が耕され、固い土が少々のことならなんでも吸い込むやわらかい土へと変わっていくのかもしれません。

私は自分が子どものコーチのように感じていたのですが、私に問い続け、心を耕し続けてくれているのは、ちはるです。ちはるが私のコーチ、なのでした。

相手が与えてくれるもの

もともと、コーチとクライアント、というのは、お互いがお互いの学びを促進していくような関係にあります。

コーチの年次大会のある分科会で、インタビュアーをやったことがあります。コーチの方とクライアントの方をペアでお呼びして、どんな成果があったのかをお聞きするのです。クライアントの方の成果を伺ったあと、コーチにもお話を聞くのですが、ハンで押したようにコーチたちは、「コーチをさせてもらったことで学んだ」「クライアントの方から学んだ」と言います。それは、単なる社交辞令ではなく、自分にとって学びの機会を与えてくれたクライアントに心からお礼を言いたいという気持ちが本当に伝わってくるのです。

誰かのコーチとしてその人に関わろうと思うとき、その人を大切だと思うとき、人は今までしてこなかったような行動や学びを自ら選び取っているのだと思います。

私は娘によって、こだわりを脇に置く練習、ありのままの相手を受け入れる練習、ちょっとは人のために生きてみる練習をさせてもらっているのかもしれません。

先日、私立の小学校に行っているお友だちのお母さんから勉強の進み具合を聞いた日に、これではいかんといきなり算数の問題集を引っ張り出しました。ちょっと高圧的に振る舞う私に、「まま、きょう、なにかおもいこんでない？」と、ちはるは聞いてきました。

思い込む、そんな単語知ってるんだ、と驚きながら、さらにはっとするのは確かに自分の思い込みについて気づかされるからです。

「うん、そうだね、思い込んでた」と言うしかありません。

子どもには、口先でごまかそうとしても私のすべてが伝わっている、そして、ときにそれを鏡のように映し出されて降参してしまうのです。

降参しながらも、どこか心の底にうれしさが生まれます。本当のことに触れる、そんなうれしさかもしれません。

先日、娘がランドセルから、見慣れない紙っ切れを取り出していました。誰かの連絡帳を一枚、びりびりと破ったものでした。その日連絡帳を忘れて、しょうがないのでティッシュに明日の持ち物を書いていたら、隣りの男の子が「おまえ、なにかいてんだよー。しょーがねーなー。やるよー」と言って、自分の連絡帳を一枚破ってくれたそうです。

「『いらないよ、いらないよ』って言ったのにくれるんだもん」とたいそう迷惑そうな声を出しながら、娘の顔はにやにや笑っています。

ああ、そんなこと、自分にもあったような。また一つ、自分の子ども時代にアクセスできて、その時代の一場面から、くぬぎの実でも拾ってきたような気持ちになりました。

子どもは、私をタイムマシンに乗せてくれます。自分の生い立ちを、自分の人生をたどり直す機会をも与えてくれています。

「寝ている子どものにおいをかぐ」

昔、『2001の幸せ』（小社刊）という本を買ったことがありました。それは読者が作った本でした。いろいろな人が「自分にとっての幸せなものや、幸せな瞬間」を編集部に送って、それをまとめて本にしたものです。

「手で皮がむける桃」

「妻の前で思いっきりバカなギャグを言う」

「サヨナラを言って別れた友だちと、同じタイミングで振り返る」

なんていう「幸せ」が書いてありました。

その中に「寝ている子どものにおいをかぐ」というのがありました。

そのときは「あはは、なんかヘン」で終わりましたが最近思い出して、汗をかいて湿っぽい頭の後ろのあたりをかいでみました。

何だか、元気が出てきました。


ねえコーチ、明日もまた、私に問いかけてください。

そして、私の心をまた、耕してください。

あとがき

子どものころ読んだ『サザエさん』の漫画に、マスオさんがパチンコに行こうとする場面がありました。家族に気づかれないように部屋から裸足で庭に出て、玄関の外から棒を使って靴を盗み出そうとするのです。そこをお巡りさんに見とがめられて、「ねえサザエ、僕はこの家の主人だよね」と叫んで、サザエさんに、何くだらないこと聞くのと怒られる、という話でした。

なんでこんな真似までしてマスオさんはパチンコとやらに行きたいのだろう？　と、その四コマは合点がいかなかったのでよく覚えていました。ところが、今回原稿を書くに当たってそのマスオさんの気持ちが痛いほど分かったのです。家族の目を盗み、仕事の目を盗み、「あー原稿書きたいー」と思うこの気持ちは、こっそり「パチンコ行きたいー」という気持ちと、とても近いものではないかと思いました。

なぜそんなに書きたかったのですか、と当時編集を担当してくださったHさんに聞かれてハタと考えました。書くことで、私にとって日々の生活、家事労働、暮らし、であったものに光が当たりました。光が当たると、それらは決して格好よくはないのですが、でも、おろそかにできない大切なものに満ちていると思えました。光を当てる作業が楽しくて、マスオさんと同じ状態になりました。

目の前に返信しなければならないメールや提出しなければならない仕事があるにも関わらず、つい原稿書きに手を出してしまいました。でも、そういうときはほとんど書き進めることができません。仕方なく仕事に戻らざるを得ませんでした。

一方、地域のお母さん友だち、職場の同僚、コーチングのクライアントの方、誰かと正直で風通しのいいコミュニケーションが取れたあとはなぜか、気持ちよく書き進めることができました。

「目の前に仕事があるときは、それをまず淡々とこなすがよい」

「人との正直なコミュニケーションは最大のエネルギーじゃ、わかったか」

と、原稿の神さまが言っているような気がしました。こうしてみると、原稿の神さまは、人生全般を担当している神さまと同じ方なのかもしれません。
これを書く機会をくださった私のまわりのみなさまに、心から感謝をお伝えいたします。

なお、文中には、シュタイナー教育に関する記述がたまに出てくるところがあります。これは単に、私がシュタイナー教育に興味があって、そこから多くのことを学んできたという個人的な事情によるものです。ご了承ください。

最後に、いつも何度でも、私のわからんちんを赦してくれている夫と娘に心から感謝いたします。

あべ　まさい

参考文献

コーチングとコミュニケーション関連の本

・図解 コーチングマネジメント/伊藤守/ディスカヴァー
・図解 コーチングスキル/鈴木義幸/ディスカヴァー
・〈NJセレクト〉 コーチングのプロが教える「ほめる技術」/ 鈴木義幸/日本実業出版社
・図解 コーチング流タイプ分けを知ってアプローチするとうまくいく/鈴木義幸/ディスカヴァー
・セルフトークマネジメントのすすめ/鈴木義幸/日本実業出版社
・新版 すべては「前向き質問」でうまくいく 質問思考の技術/マリリー・G・アダムズ/ディスカヴァー
・幸福セラピー /グレン・ヴァン・エカレン/ディスカヴァー
・普及版 モリー先生との火曜日/ミッチ・アルボム/NHK出版

子育て関連の本

・ごたごた絵本箱/松井るり子/学陽書房
・幸せな子ども/松井るり子/学陽書房
・育てるものの目/津守房江/婦人之友社
・子どものことを子どもにきく/杉山亮/文春OH!文庫
・子どもが変わる魔法のおはなし/大村祐子/ほんの木
・「シュタイナー教育に学ぶ通信講座」シリーズ/ほんの木

参考サイト

・株式会社コーチ・エィ https://www.coacha.com
・JCA日本コーチ協会 https://www.coach.or.jp

子どもの「やりたい」を引き出すコーチング

発行日　2020年10月25日　第1刷

Author　あべ まさい

Illustrator　くぼ あやこ
Book Designer　chichols

Publication　株式会社ディスカヴァー・トゥエンティワン
〒102-0093 東京都千代田区平河町2-16-1 平河町森タワー 11F
TEL 03-3237-8321（代表） 03-3237-8345（営業）
FAX 03-3237-8323　http://www.d21.co.jp

Publisher　谷口奈緒美
Editor　大山聡子　安永姫菜

Publishing Company
蛯原昇　梅本翔太　千葉正幸　原典宏　古矢薫　佐藤昌幸　青木翔平　大竹朝子
小木曽礼丈　小山怜那　川島理　川本寛子　越野志絵良　佐竹祐哉　佐藤淳基
志摩麻衣　竹内大貴　滝口景太郎　直林実咲　野村美空　橋本莉奈　廣内悠理
三角真穂　宮田有利子　渡辺基志　井澤徳子　小田孝文　藤井かおり　藤井多穂子
町田加奈子

Digital Commerce Company
谷口奈緒美　飯田智樹　安永智洋　岡本典子　早水真吾　三輪真也　磯部隆
伊東佑真　王廳　倉田華　榊原僚　佐々木玲奈　佐藤サラ圭　庄司知世　杉田彰子
高橋雛乃　辰巳佳衣　谷中卓　中島俊平　西川なつか　野﨑竜海　野中保奈美
林拓馬　林秀樹　牧野類　三谷祐一　元木優子　青木涼馬　小石亜季　副島杏南
中澤泰宏　羽地夕夏　八木眸

Business Solution Company
蛯原昇　志摩晃司　藤田浩芳　野村美紀　南健一

Business Platform Group
大星多聞　小関勝則　堀部直人　小田木もも　斎藤悠人　山中麻吏　伊藤香
葛目美枝子　鈴木洋子　福田章平

Corporate Design Group
松原史与志　岡村浩明　井筒浩　井上竜之介　奥田千晶　田中亜紀　福永友紀
山田諭志　池田望　石橋佐知子　石光まゆ子　齋藤朋子　俵敬子　丸山香織　宮崎陽子

Proofreader　文字工房燦光
DTP　有限会社一企画
Printing　大日本印刷株式会社

http://www.d21.co.jp/inquiry/　ISBN978-4-7993-2684-8　©Masai Abe, 2020, Printed in Japan.